DIE PAPA BABY BUCKETLIST

von Nico Kalinowski

AUS LIEBE ZUR UMWELT VERZICHTEN WIR AUF VIELE FOTOS & FARBDRUCK.

Druck: Amazon Deutschland oder Partner

Der Druck erfolgt in chlorfreier Tinte und das säurefreie Papier für den Innenteil des Buches wird von einem Anbieter mit Forest Stewardship Council-Zertifizierung bezogen. Alle Abfälle, die beim Drucken entstehen und sich im Büroalltag anfallen, werden ordentlich recycelt und verwertet. Zudem werden in der Zukunft weiterhin Prozesse stattfinden, um die Umweltfreundlichkeit zu versichern. Damit verpflichtet sich der Druckpartner Amazon und seine Partner dazu, seinen Teil zum Umweltschutz beizutragen.

Wir haben uns bewusst für den Druck durch Amazon entschieden - denn so werden nur die Bücher angefertigt, die auch benötigt werden. Unser Verlag verzichtet zudem auf überflüssigen Schriftverkehr und wickelt alle Prozesse digital ab. Dies spart Ressourcen und schont die Umwelt!

ISBN: 978-3-911040-24-2

INHALTSVERZEICHNIS

1. Infos zum Papa und seinem Sprössling **9**

2. Die Bedeutung der Vater-Kind-Bindung **12**

3. Aktivitäten entsprechend der Entwicklung des Babys **16**

3.1 Aktivitäten ab der Geburt 18

3.2 Aktivitäten ab dem 2. Monat 42

3.3 Aktivitäten ab dem 3. Monat 61

3.4 Aktivitäten ab dem 6. Monat 87

3.5 Aktivitäten ab dem 9. Monat 113

4. Ich kann jetzt **158**

5. Fotoshooting **165**

WIDMUNGSSEITE

Diese Seite bietet Platz für ein paar liebe Worte des Schenkers dieses Buches an den Beschenkten.

VORWORT

> DREI DINGE SIND UNS AUS DEM PARADIES GEBLIEBEN: DIE STERNE DER NACHT, DIE BLUMEN DES TAGES UND DIE AUGEN DER KINDER.
>
> DANTE ALIGHIER

Willkommen in diesem Buch zur Stärkung der Bindung zwischen Papa und Baby! Schön, dass du hier bist.

Die Verbindung zu unseren Kindern ist etwas ganz Besonderes. Wir sollten sie bereits im frühen Alter fördern und uns stets darum kümmern, dass sie erhalten bleibt. Denn was gibt es Schöneres, als eine vertraute und gesunde Beziehung zu seinen Kindern zu haben?

Im traditionellen Sinne sehen wir oft das Baby mit seiner Mutter – der Mutter, die sich um das Kleine kümmert, es pflegt, trägt und tröstet. Doch längst ist bekannt, wie wichtig ebenso der Vater für das Kind ist.

Als Papa bist du nicht erst ab einem gewissen Alter Teil des Lebens deines Kindes, sondern bereits ab seiner Geburt. Schon in der Schwangerschaft kommt dir ein bedeutender Part zu – übrigens erfährt nicht nur die Mutter hormonelle Veränderungen während der Schwangerschaft, sondern auch du als werdender Vater durchläufst eine hormonelle und biologische Veränderung. Die Natur hat alles so eingerichtet, dass du die Vaterrolle übernehmen kannst und das Kuschelhormon Oxytocin hilft dir dabei. Des Weiteren sinkt dein Testosteronspiegel gegenüber Nicht-Vätern, wie Studien festgestellt haben.

In deinem Beisein kann die Mutter sich entspannen und über ihre Gefühle sprechen. Du bist ihr sicherer Hafen und ihr Fels in der Brandung. Genau das merkt dein in Mamas Bauch heranwachsendes Kind. Da sein Kreislauf mit dem der Mutter verbunden ist, können wir davon ausgehen, dass es deren Gefühle wahrnimmt.

Etwa ab dem siebten Schwangerschaftsmonat kann dein Kind zudem deine Stimme hören und dich auf diese Weise kennenlernen. Gespräche mit dem Baby im Bauch seiner Mutter inklusive sanfter Streicheleinheiten können bereits vor der Geburt dazu verhelfen, dass dein Kind dich danach sogleich wiedererkennt.

Nach der Geburt geht es dann darum, eine gute Bindung zum Neugeborenen aufzubauen und gleichzeitig die Mutter in ihrer neuen Rolle zu unterstützen. Anfangs kann dies schwierig erscheinen, denn du musst dich eventuell erst in die Vaterrolle einfinden. Außerdem scheint das Baby die Mama zu bevorzugen. Lass dir aber gesagt sein: Die Mutter ist zwar besonders bedeutsam für das Baby, weil sie bereits in der Schwangerschaft für ein gesundes Wachstum gesorgt hat und weil sie Geborgenheit bedeutet. Aber du als Papa kannst genauso wichtig für dein Kind werden.

In diesem Buch findest du viele schöne sowie lustige Aktivitäten, die du mit deinem Baby insbesondere im ersten Lebensjahr umsetzen kannst. Sie haben das Ziel, eure Beziehung zu verbessern, zu fördern und aufrechtzuerhalten. Es gibt Platz für Fotos und Notizen zu Erlebnissen, die ihr zusammen gesammelt habt. Obendrein erfährst du, welche Entwicklungsschritte dein Kind im ersten Lebensjahr durchmacht, und hast die Möglichkeit, alles von deinem Kind neu Erlernte schriftlich festzuhalten. Dank der Infoboxen erhältst du nützliche Tipps und Informationen zu verschiedenen dein Kind betreffenden Themen.

KAPITEL 1

INFOS ZUM PAPA UND SEINEM SPRÖSSLING

Über den Papa:

Name:

Geburtsdatum:

So nennt mich mein Kind:

Das möchte ich für mein Kind sein:

Über das Kind:

Name:

Geburtsdatum:

Ort der Zeugung:

Alter zu Beginn des Buches:

Was ich bereits kann:

Papa glaubt, dass ich später so aussehe:

Augenfarbe:

Haarfarbe:

Weitere optische Merkmale:

Papa denkt, ich werde später mal:

Das möchte Papa mir sagen:

Das möchte Papa meiner Mama sagen:

KAPITEL 2

DIE BEDEUTUNG DER VATER-KIND-BINDUNG

> **MIT DEM GEFÜHL DES VATERS HATTE ER AUCH ALLE TUGENDEN EINES BÜRGERS ERWORBEN.**
>
> JOHANN WOLFGANG VON GOETHE

Eine gute Vater-Kind-Beziehung ist wesentlich für die ganze Familie und kommt sogar der Gesellschaft zugute, indem sie emotional stabile Erwachsene hervorbringt.

Kümmert sich der Vater häufig um das Baby, wird nicht nur die Mutter entlastet, sondern das Baby lernt außerdem, dass es sich auf den Vater verlassen kann. Es begreift, dass Mama und Papa beide Sicherheit und Schutz bieten. Dadurch entwickelt es sein Urvertrauen. Dieses verbessert sich mit jeder weiteren positiven Erfahrung im Kontakt mit den Eltern und anderen Bezugspersonen. Im späteren Leben kann das Kind von diesem Urvertrauen profitieren.

Es ist wahrscheinlich, dass es dadurch in der Kindheit zufriedener und selbstbewusster ist. Zudem ist bewiesen, dass Kinder mit sicherer Bindung zu ihren Eltern es auch später leichter haben, gesunde zwischenmenschliche Beziehungen aufzubauen.

Damit eure Beziehung wächst, musst du jedoch Zeit und Mühe investieren. Der regelmäßige Kontakt zu deinem Kind ist kostbar und hilft ihm in seinem Wachstum, denn eine starke Vater-Kind-Verbindung fördert dessen gesunde Entwicklung. Dabei kannst du deinem Kind auf verschiedene Arten zeigen, dass du verfügbar bist. Achte auf seine Bedürfnisse, schenke ihm Aufmerksamkeit und Liebe und sei vor allem im Hier und Jetzt, wenn du Zeit mit ihm verbringst. Sowohl körperliche als auch emotionale Nähe bedeuten für dein Kind Geborgenheit und Sicherheit.

Viele Männer denken, sie könnten die Verbindung zu ihrem Kind erst richtig aufbauen, wenn das Kleine krabbelt, läuft oder spricht. Für andere Väter beginnt das Bonding erst mit dem ausdauernden Toben ab einem Alter von drei Jahren. Es stimmt, dass die Verbindung in diesem Alter gestärkt wird, aber die Beziehung zum Kind an sich kannst du als Papa wie gesagt schon vor der Geburt aufbauen.

Während der Schwangerschaft kannst du dich emotional auf das Baby und deine neue Rolle als Vater einstellen und bei den Vorsorgeterminen, dem Geburtsvorbereitungskurs und natürlich der Geburt dabei sein. All dies unterstützt den Aufbau eurer Bindung. Weitere Möglichkeiten sind das Berühren des Bauches der Mutter während der Schwangerschaft sowie das sanfte Singen und Sprechen zum Ungeborenen. Durch die Nähe spürt dein Kind, dass du da bist, und gewöhnt sich an deine Stimme und die Art, wie du sprichst.

Ein engagierter Vater trägt des Weiteren dazu bei, dass die Paarbeziehung nach der Geburt weniger leidet. Durch das gemeinsame Kümmern um euer Kind hat deine Partnerin mehr Zeit für sich. Dank dieser wertvollen Pausen kann sie sich erholen – und weniger Stress bei deiner Partnerin wirkt sich automatisch positiv auf euer Zusammenleben und das Wohlbefinden eures Kindes aus. Somit ist allen geholfen.

Im Hinblick auf eine enge Papa-Kind-Beziehung rückt ein weiterer Aspekt in den Fokus: die Vorbildfunktion. Das Kind nimmt sich die Eltern und ihr Verhalten als Vorbild. Sowohl Mädchen als auch Jungen beobachten beide Elternteile intensiv. Dein Kind lernt von dir und seiner Mutter. Wie du als Vater bist, bestimmt sein weiteres Leben. Als Sohn möchte dein Kind dir besonders ähnlich sein und nimmt sich ein Beispiel an deinen Fähigkeiten und Talenten und daran, wie du dich anderen Menschen gegenüber verhältst. Für deine Tochter bist du sehr wahrscheinlich das ideale Beispiel für ihre späteren Partner. Darin liegt viel Verantwortung, weswegen du mit einer liebevollen und aufmerksamen Erziehung viel positiven Einfluss auf das Leben deines Kindes nehmen kannst.

> **KINDER MACHEN NICHT DAS, WAS WIR SAGEN, SONDERN DAS, WAS WIR TUN.**
>
> JESPER JUUL

KAPITEL 3

AKTIVITÄTEN ENTSPRECHEND DER ENT-WICKLUNG DES BABYS

In die Rolle des Vaters wächst man hinein. Wir erinnern uns an unsere Kindheit, geben unseren Kindern unser Wissen weiter und lehren sie Spiele, die wir selbst gespielt haben. Sind wir jedoch vollkommen präsent, während wir Zeit mit unserem Sprössling verbringen, ergeben sich außerdem von allein eigene Spiele und Aktivitäten. Wir erfinden entsprechend unsere eigenen Rituale, Traditionen und die Art, wie wir als Elternteil sein wollen. Wir haben die Chance, uns selbst komplett neu zu erfinden, und das haben wir unseren Kindern zu verdanken. Denn nicht nur sie lernen von uns, wir lernen ebenso von ihnen.

Obwohl viele spielerische Aktivitäten wie von selbst geschehen, ist es dennoch praktisch, einen Helfer an seiner Seite zu haben. Auf den nachfolgenden Seiten findest du daher zahlreiche Möglichkeiten, Kontakt zu deinem Kind aufzunehmen. Du kannst die Anregungen umsetzen, wie sie beschrieben sind, oder sie nach deinem Belieben und dem deines Kindes verändern sowie erweitern.

Je älter dein Kind wird, auf desto unterschiedlichere Weise kannst du dich mit ihm beschäftigen. In den folgenden Unterkapiteln wird kurz auf die Entwicklung von Kindern eingegangen. Im Anschluss werden altersgerechte Beschäftigungsmöglichkeiten beschrieben, die dazu beitragen, die Vater-Kind-Bindung zu stärken.

Die Aktivitäten sind nach Alter und Entwicklungsstand von Kindern sortiert, beginnend ab der Geburt. Dank dieser Gliederung kannst du dich grob am Alter deines Kindes orientieren, wobei Aktivitäten, die für jüngere Kinder empfohlen werden, den älteren oft noch genauso viel Spaß machen. Somit kannst du Ideen für zwei Monate alte Kinder ebenso für dein beispielsweise sechs Monate altes Baby ausprobieren.

VIEL SPAß!

3.1 AKTIVITATEN AB DER GEBURT

Die erste Zeit nach der Geburt verbringt das Neugeborene überwiegend mit seiner Mutter, denn sie ist der Mensch, in dem es über neun Monate lang herangewachsen ist. Alles an ihr ist vertraut und gibt dem Kleinen Sicherheit, ihre Stimme, ihr Herzschlag, ihr Geruch wie auch ihre Bewegungen. Das bedeutet allerdings nicht, dass der Papa keine Rolle spielt.

Anfangs kann es sich hoffnungslos anfühlen und einen zur Verzweiflung bringen, weil das Baby bereits nach einigen Minuten auf Papas Arm nach Mama schreit. Es gibt Babys, die akzeptieren ihren Papa und seine Nähe sofort. Andere brauchen mehr Zeit, um sich ebenso bei ihrem Vater wohl und sicher zu fühlen. Daher solltest du nicht aufgeben, denn jedes Mal, wenn du Zeit mit deinem Kind verbringst, gibt ihm das mehr Vertrauen in dich.

Nach der Geburt braucht ein Baby Zeit, um sich an die neue Umgebung zu gewöhnen. Es ist lauter und heller als in Mamas Bauch. Überdies gibt es zahlreiche neue Eindrücke, mit denen das Neugeborene konfrontiert wird. Damit es nicht überfordert wird und sich außerdem schnell und gesund entwickeln kann, verschläft das Neugeborene einen Großteil des Tages. Den anderen Teil füllt es mit Essen und Pinkeln. Doch auch kurze Wachphasen gehören in seinen Tagesablauf.

FOLGENDES ENTWICKELT DEIN KIND IM ERSTEN LEBENSMONAT:

- ☆ Eine emotionale Bindung zu Mama, Papa und anderen Menschen wie den Geschwistern wird aufgebaut.
- ☆ Körperlich nimmt das Baby nach anfänglichem Gewichtsverlust an Gewicht und Länge zu.
- ☆ Diverse Reflexe wie der Such- und Saugreflex bilden sich aus.
- ☆ Seine Sinne entwickeln sich weiter.

Ein Neugeborenes kann noch nicht weiter scharf sehen als 25 bis 30 Zentimeter, hört jedoch bereits sehr gut. Daran kannst du als Vater dich orientieren und deine Zeit mit ihm auf seine aktuelle Entwicklung abstimmen.

Hautkontakt

Die erste Verbindung zu deinem Kind kannst du über Hautkontakt herstellen, weswegen dieser insbesondere in den ersten Stunden nach der Geburt so bedeutungsvoll ist und bewusst gefördert werden sollte. Mach es dir also mit nacktem Oberkörper auf dem Sofa oder Bett bequem und lege dein nacktes Baby auf deine Brust. Je nach Umgebungstemperatur solltest du euch beide mit einer Decke bedecken. Da die Temperaturregulierung des Neugeborenen noch nicht ausgereift ist, neigt es zum Frieren. Allerdings passt sich sein Körper an deine Körpertemperatur an.

Sowohl du als auch dein Kind profitieren von dieser Nähe, denn durch den direkten Hautkontakt wird das Hormon Oxytocin produziert und gelangt vom Gehirn in den Körper. Dort wirkt es gegen Stress und Schmerzen. Zugleich stärkt das sogenannte Kuschelhormon die Bindung zwischen dir und deinem Kind.

INFOBOX:

DIE AUSSCHÜTTUNG VON OXYTOCIN KANN AUFGRUND DER FREISETZUNG WEITERER BOTENSTOFFE UNSER IMMUNSYSTEM STÄRKEN UND ENTZÜNDUNGEN VORBEUGEN. ES WIRKT SOMIT NICHT NUR BEZIEHUNGSFÖRDERND, SONDERN HAT ÜBERDIES POSITIVE AUSWIRKUNGEN AUF UNSERE GESUNDHEIT.

ERWÄHNENSWERTES:

Blickfang

Hat dein Baby im ersten Monat zwischendurch die Augen offen, schaut es sich aufmerksam um und nimmt sämtliche neue Eindrücke wie ein Schwamm auf. Dir wird auffallen, dass es sich gern an kontrastreichen Bildern orientiert, zum Beispiel einem dunklen Baum vor dem hellen Himmel oder deinem Gesicht vor einer hellen Tapete. Meist fällt der Blick des Kindes exakt dorthin, wo der Farbunterschied extrem ist.

Du kannst seine Aufmerksamkeit wecken, indem du ihm bewusst Bilder oder Objekte zeigst, die einen starken Kontrast zur Umgebung bilden. Ist dein Baby satt und zufrieden, wird es diese Dinge mit seinem Blick fixieren. Um sowohl die Bewegung der Augen als auch den Blick zu schulen, kannst du die Objekte hin und her bewegen. Hat dein Kind Lust darauf, wird es ihnen mit seinem Blick sowie dem Kopf folgen. Merkst du, dass es nicht interessiert ist, versuche es ein anderes Mal.

ERWÄHNENSWERTES:

Windelfrei und Abhalten

„Windelfrei“ klingt möglicherweise erstmal nach Stress und nassen Betten, aber dieses Bild muss nicht zur Realität werden. Denn windelfrei funktioniert ebenfalls mit Windel, sodass Pipipfützen ausbleiben.

Als Eltern kümmern du und die Mutter des Neugeborenen sich darum, dessen Grundbedürfnisse zu erfüllen. Hat es Hunger, wird es gefüttert. Ist es müde, helft ihr ihm dabei einzuschlafen. Braucht es Nähe, wird es getragen und gekuschelt. Weitere Grundbedürfnisse sind das Ausscheiden von Pipi und Kaka sowie das Bedürfnis nach Hygiene.

Es gibt Eltern, die ihren Babys keine Windel anziehen und stattdessen auf die rechtzeitigen Signale ihrer Kleinen achten. Denn bereits neugeborene Kinder zeigen mit häufig unbemerkten Signalen an, dass sie auf Toilette müssen. Entgegen der weitläufigen Meinung können selbst Neugeborene ihre Ausscheidungen zurückhalten.

Lernst du, die Signale deines Kindes zu beachten, kannst du sein Ausscheidungsbedürfnis erkennen und es für die Entleerung abhalten. Außerdem lernt dein Baby, dass du seine Bedürfnisse wahrnimmst, und wird eventuell häufiger und sichtbarer zeigen, dass es mal muss. Sehr wahrscheinlich wirst du schon nach kurzer Zeit feststellen, dass die Windel manchmal nach dem Schlaf trocken ist.

Die Signale können anfangs dezent sein: das Verziehen des Gesichts, ein kurzes Meckern oder ein leerer Blick in die Ferne. Manche Kinder suchen nach der Brust und nuckeln beinahe panisch daran. Andere geben einen Schrei oder panisches Quietschen von sich. Kann dein Kind abends schwer einschlafen, wacht es ständig auf oder weint stundenlang ohne erkennbaren Grund, kann es sein, dass es sich entleeren muss. Einen Versuch ist es wert. Je öfter du dein Kind beobachtest, desto besser wirst du seine Signale erkennen lernen.

Das sind einige Vorteile von „Windelfrei und Abhalten“:

- ☆ Das Baby ist im Windelbereich selten wund.
- ☆ Es spart Geld.
- ☆ Es entsteht weniger Abfall.
- ☆ Das Baby ist zufriedener.
- ☆ Töpfchentraining und Windelentwöhnung entfallen.
- ☆ Es stärkt die Eltern-Kind-Bindung.
- ☆ Das Kind lernt, auf sein Körpergefühl zu hören.
- ☆ Es gibt weniger „Kaka-Explosionen“ bis zum Rücken.

Was genau versteht man unter „abhalten“?
Abhalten beschreibt das Halten des Kindes über ein Töpfchen, einen Eimer oder das Waschbecken. Du machst dein Kind untenrum frei und positionierst es mit seinem Rücken gegen deinen Bauch. Mit deinen Händen umfasst du seine Oberschenkel. Spannst du deine Bauchmuskeln an, kann dies deinem Kind beim Drücken helfen. Halte es nur so lange ab, wie es in dieser Position zufrieden ist. Leichtes Meckern und das Bewegen der Gliedmaßen sind normal, da es sich anstrengt. Beginnt es hingegen zu weinen, wische den Po ab und beende das Abhalten.

Stress dich nicht, wenn du nicht immer schnell genug reagierst. Das ist völlig normal. Es ist nicht das Ziel, sämtliche Ausscheidungen aufzufangen. Dem Baby soll vielmehr gezeigt werden: „Ich sehe dich und deine Bedürfnisse, und ich helfe dir.“

Gute Momente, um das Baby zwischendurch abzuhalten und Pipi aufzufangen, sind die folgenden: nach dem Schlafen, bei jedem Windelwechsel sowie fünf bis zehn Minuten nach dem Essen. Um deinem Kind zu signalisieren, dass du es bald abhältst, kannst du Signallaute oder Wörter wie „Pipi“, „Kaka“ oder „Drück“ einführen. Es wird sie nach einigen Wochen verstehen und sich auf das Abhalten einstellen.

ERWÄHNENSWERTES:

Videobotschaften

Du kannst deinem Kind für die Zukunft regelmäßige Videobotschaften mit Updates zu seiner Entwicklung und deinen Gefühlen aufnehmen. Diese Aktivität ist zwar in diesem Moment passiv, da dein Kind die Videos erst in einigen Jahren ansehen und verstehen kann. Trotzdem hilft sie langanhaltend dabei, eure Bindung zu stärken. Überdies sind Videos eine schöne Erinnerung an zauberhafte Momente.

Erzähle deinem Kind darin, was an dem Tag der Aufnahme passiert ist, was es Neues gelernt hat oder wie du dich in den verschiedenen gemeinsamen Momenten gefühlt hast. Eine andere Option sind kurze Videos, in denen dein Kind bei diversen Beschäftigungen zu sehen ist oder bei dir auf dem Schoß sitzt. Auf diese Weise könnt ihr seine Entwicklung anhand der Videos verfolgen und sie euch in der Zukunft immer wieder ansehen.

Wichtig ist, dass du die Videos separat, zum Beispiel auf einer externen Festplatte oder online in der Cloud, aufbewahrst, damit sie nicht aufgrund eines defekten PCs irgendwann verloren gehen.

Ideen für kurze Videos mit dem Kind: Geburt, erstes Bad, Drehen auf den Bauch, erste Krabbelversuche, Babys erste Brabbellaute, Lächeln des Babys, Babys erste Autofahrt etc.

EIGENE VIDEOIDEEN:

TIPP!

SOWOHL WÖCHENTLICHE ODER MONATLICHE UPDATES SIND MÖGLICH ALS AUCH EINE ART VIDEOTAGEBUCH. WENN DU DIR FESTE TAGE FÜR DIE VIDEOS VORNIMMST, IST ES EINFACHER, IN EINE GEWISSE ROUTINE FÜR DAS AUFNEHMEN ZU KOMMEN.

Woher kommt das Geräusch?

Zwar ist die Sicht von Säuglingen im ersten Lebensmonat noch nicht sehr gut ausgebildet, dafür aber das Gehör. In seinen Wachphasen sieht sich ein Neugeborenes gern um und bemerkt ebenfalls diverse Geräusche aus der Umgebung. Manche davon können dein Kind erschrecken oder aufwecken, erst recht, wenn diese laut und unerwartet sind. Generell versucht das Kleine herauszufinden, woher die Geräusche kommen, und bewegt sein Gesicht in die jeweilige Richtung.

Du kannst sein Gehör und somit seine Beweglichkeit bewusst schulen, indem du verschiedene Geräusche aus unterschiedlichen Richtungen ertönen lässt. Verwende dafür Klingeln, Rasseln und Musik oder mach Klopfgeräusche. Ist dein Baby gerade wach und zufrieden, wird es sich nach dem Ursprung des Lauts umsehen. Achte aber darauf, dass die Geräusche nicht zu laut sind und dein Kind nicht erschrecken.

Mit dieser Übung förderst du insbesondere die Bewegung des kleinen Köpfchens. Dank des Aufrechthaltens und des Drehens des Köpfchens trainiert das Kind seine Nackenmuskulatur, denn es kostet das Baby Kraft, seinen Kopf zu kontrollieren.

TIPP!

STÜTZE STETS DEN KOPF DEINES NEUGEBORENEN, WENN ES SICH AUF DEINEM ARM BEFINDET, UM EIN ZU SCHNELLES ABLEGEN ODER PLUMPSEN DES KOPFES NACH HINTEN ZU VERHINDERN. AUCH BEIM HOCHHEBEN IST ES VON VORTEIL, DAS BABY AUF DIE SEITE ZU ROLLEN UND ES MIT DEINER HAND IN SEINEM NACKEN AUFZUHEBEN.

ERWÄHNENSWERTES:

Blickkontakt

In den kurzen täglichen Wachphasen kannst du versuchen, Kontakt über die Augen mit dem Säugling aufzunehmen und seine Aufmerksamkeit zu trainieren. Die Voraussetzung dafür ist, dass dein Kind gerade glücklich und zufrieden ist.

Setze dich mit ihm hin. Lege es beispielsweise auf dem Rücken auf deinen Schoß. Seine Füße befinden sich an deinem Bauch. Deine Arme stützen es jeweils seitlich. Dies verhindert einerseits das Herunterfallen des Babys, andererseits erinnert die räumliche Abgrenzung es an die Zeit im Bauch und gibt ihm ein Gefühl von Sicherheit. Deine Hände legst du um den Kopf deines Kindes, sodass es geradeaus nach oben schaut. Im Anschluss kannst du dich über dein Kind beugen und ihm im Abstand von etwa 20 Zentimetern in die Augen sehen.

Es ist möglich, dass dein Baby anfangs an dir vorbeiguckt, insbesondere dann, wenn dein Gesicht im starken Kontrast zum Hintergrund steht. Versuche daher, in verschiedenen Situationen und Umgebungen den Augenkontakt herzustellen. Es kann helfen, dabei sanft mit deinem Kind zu sprechen. Nach einigen Malen gewöhnt es sich an diese Übung und sucht von sich aus deinen Blick.

Haltet ihr Augenkontakt, kannst du liebevoll mit deinem Kind reden oder es anlächeln. Sobald es sich jedoch abwendet, solltest du das akzeptieren. In den ersten Lebensmonaten ist die Konzentrationsspanne noch nicht besonders lang. Das Fokussieren strengt die Kleinen an, sodass sie nach dieser Aktivität oftmals schlafen möchten.

INFOBOX:

ES IST FASZINIEREND – BEI BLICKKONTAKT ZWISCHEN EINEM ERWACHSENEN UND EINEM BABY SPIEGELN BABYS DIE GEHIRNAKTIVITÄT DES ERWACHSENEN UND UMGEKEHRT. DIE WÄHREND DER INTERAKTION GESPROCHENEN WORTE WERDEN VON DEN BABYS NOCH NICHT VERSTANDEN, DENNOCH SYNCHRONISIEREN SICH DIE GEHIRNWELLEN. DIES DEUTET DARAUF HIN, DASS KINDER SPEZIELL DURCH AUGENKONTAKT NEUES LERNEN.

ERWÄHNENSWERTES:

FOTOECKE – PAPA UND ICH

> **AN KANN IN KINDER NICHTS HINEINPRÜGELN, ABER VIELES HERAUSSTREICHELN.**
>
> ASTRID LINDGREN

Auf dieser Doppelseite kannst du Fotos von schönen und lustigen Momenten mit deinem Kind einkleben. Wie wäre es mit einem Fotvom Abhalten oder einem, auf dem ihr Haut an Haut kuschelt?

Streicheleinheiten

Das Baby nimmt seine Umgebung in den ersten Wochen nach der Geburt hauptsächlich über den direkten Kontakt wahr. Diesen unmittelbaren Kontakt zu Gegenständen und Menschen hat es über die Berührung. Möchtest du darüber hinaus die Bindung zu deinem Kind stärken sowie sein Körperbewusstsein verbessern, funktioniert auch dies über sanfte Berührungen.

Streiche nach und nach über verschiedene Körperbereiche deines Kindes. Berühre zum Beispiel erst ein Bein und streiche mit deiner ganzen Hand oder ein paar Fingern von seiner Hüfte hinunter bis zu seinem Fuß. Du kannst dies mehrmals wiederholen und den jeweiligen Körperteil benennen. Zwar wird das Baby die Wörter anfangs nicht verstehen können. Nach mehreren Wiederholungen verknüpft es sie jedoch mit dem entsprechenden Körperteil.

Anschließend kannst du dich dem anderen Bein, einem Arm oder dem Bauch widmen. Das Neugeborene muss dafür nicht nackt sein. Diese Übung funktioniert ebenso gut, wenn es bekleidet ist. Dein Kind sammelt positive Sinneserfahrungen, wodurch du seine geistige und körperliche Entwicklung unterstützt. Außerdem werden durch die sanften Berührungen Synapsen aktiviert sowie neu gebildet, und es erfährt weniger Stress.

INFOBOX:

DA DIE HAUT DAS GRÖSSTE UND EMPFINDLICHSTE SINNESORGAN DES MENSCHEN IST, REAGIEREN WIR STARK AUF DIREKTE BERÜHRUNGEN. WÄHREND DU DEIN KIND STREICHELST, ÜBE LEICHTEN DRUCK AUS. ZU LEICHTE BERÜHRUNGEN KÖNNEN ES KITZELN UND SICH FÜR BABYS IN DEN ERSTEN LEBENSMONATEN UNANGENEHM ANFÜHLEN.

ERWÄHNENSWERTES:

Hand- und Fußabdrücke deines Babys

Ein schönes Erinnerungsstück an die ersten Lebensmonate des Kindes sind die Abdrücke der kleinen Hände und Füße. Wenn du regelmäßig Abdrücke machst, können du und deine Partnerin das Wachstum eures Kindes noch besser beobachten. Später könnt ihr euch die niedlichen Abdrücke dann gemeinsam mit eurem Kind ansehen. Es wird kaum glauben, wie klein seine Hände und Füße einst waren.

Mach dir zunächst Gedanken über die Häufigkeit der Abdrücke: Möchtest du sie alle zwei Wochen, jeden Monat oder lediglich alle zwei Monate machen? Je nach der gewünschten Regelmäßigkeit wählst du einen Untergrund aus, der genug Platz für alle Abdrücke des ersten Lebensjahres bietet. Dafür kannst du beispielsweise einen bespannten Keilrahmen oder ein weißes Bettlaken nutzen.

Am schönsten wird das Kunstwerk mit bunten Farben. Allerdings solltest du darauf achten, dass diese sowohl ungiftig als auch wasserlöslich sind. Geeignete Farben für Hand- und Fußabdrücke sind Fingerfarben, bestenfalls in Bio-Qualität. Eine Alternative dazu sind selbstgemachte Farben. Sie sind günstiger, und du weißt genau, welche Inhaltsstoffe darin enthalten sind.

Möchtest du die Farben selbst herstellen, brauchst du 16 EL Mehl, 400 ml lauwarmes Wasser und verschiedene Lebensmittelfarben oder natürliche

Färbemittel aus Rote-Bete-Pulver, Zwiebelschale oder Spirulina. Eine Prise Salz macht die Farben länger haltbar.

Mische die Zutaten, bis eine cremige Masse entsteht, mit der du die Unterseite des Fußes und/oder die Handfläche deines Kindes anmalst. Drücke anschließend die Hand beziehungsweise den Fuß auf die gewünschte Oberfläche. Entferne die Farbe danach von der Hand und/oder dem Fuß, bevor sie an Kleidungsstücke oder andere Körperteile gelangt.

Würdest du lieber auf den Kontakt der Babyhaut mit Farbe verzichten, benutze (gefärbten) Salzteig für die Abdrücke. Drücke dafür die Hand und/oder den Fuß in den weichen Salzteig.

TIPP!

DA NEUGEBORENE IHRE HÄNDCHEN OFT ZU EINER FAUST BALLEN UND EMPFINDLICH AUF BERÜHRUNGEN AN DER HAND REAGIEREN, IST DIE ERSTELLUNG VON FAUST- ODER FUSSABDRÜCKEN UNKOMPLIZIERTER. MIT ETWAS GEDULD UND BEISPIELSWEISE DEM STREICHELN DES HANDRÜCKENS KANNST DU DEIN BABY ALLERDINGS DAZU BRINGEN, SEINE HAND DOCH ZU ÖFFNEN.

Badewannenspaß

Eine schöne Art, um Hautkontakt zu fördern, ist das gemeinsame Baden. In Papas Armen fühlt sich das Baby wohl, und das warme Wasser beruhigt es zusätzlich. Aufgrund der entspannten Atmosphäre und der Berührung eurer Körper wird Oxytocin ausgeschüttet. Dieses stärkt die Bindung zwischen euch beiden.

Achte darauf, dass das Wasser weder in die Ohren noch in die Augen deines Babys gelangt. Manche Kinder reagieren empfindlich darauf und können das Bad dadurch weniger genießen. Nach dem Baden kannst du deinen Schatz vorsichtig mit einem Handtuch abtupfen oder mit einem Föhn trocknen. Indem du deine Hand zwischen Föhn und Kind hältst, gehst du sicher, dass es dem Kleinen nicht zu heiß wird.

TIPP!

IN DEN ERSTEN LEBENSMONATEN SOLLTE DAS BADEWASSER NOCH KEINE PFLEGEPRODUKTE ODER SCHAUM ENTHALTEN. WARMES WASSER IST VOLLKOMMEN AUSREICHEND. EINE SCHONENDE ALTERNATIVE ZU HYGIENEPRODUKTEN KÖNNEN EINIGE TROPFEN HOCHWERTIGES ÖL SEIN.

ERWÄHNENSWERTES:

Tragepapa

Immer beliebter wird zurzeit das Tragen von Babys im Tragetuch oder einer Babytrage – auch unter Vätern. In der Trage oder dem Tragetuch können die Kleinen ihren Eltern ganz nah sein und sich geborgen fühlen. Praktisch ist dabei, dass Papa oder Mama die Hände frei haben und anderen wichtigen Aufgaben im Alltag nachgehen können. So kannst du, wenn nötig, den Haushalt nebenbei erledigen oder von zu Hause aus arbeiten.

Die meisten Babys sind in einer bequemen Trage sehr zufrieden und schlafen oft problemlos ein oder schauen sich neugierig um. Dennoch kann es vorkommen, dass dein Baby dich nicht lange an derselben Stelle stehen oder sitzen lässt. In diesem Fall helfen kreisende oder tanzende Bewegungen. Natürlich kannst du auch einfach einen Spaziergang draußen oder durch die Wohnung machen. Ist dein Kind einmal eingeschlafen, reichen leichte Bewegungen aus.

Es gibt zahlreiche Babytragen, die sich für unterschiedliche Altersgruppen eignen. Die einen sind mehr, die anderen weniger bequem. Probiere am besten mehrere Tragehilfen aus, bevor du ein Modell kaufst. Empfehlenswert sind Tragetücher, denn diese haben keine störenden Plastikteile, die einschneiden könnten. Außerdem passt sich ein Tragetuch individuell an diverse Körperformen an. Die Wickelkreuztrage eignet sich gut für Neugeborene. Für diese Wickeltechnik sollte das Tuch mindestens 4,6 Meter lang sein.

TIPP!

DIVERSE WICKELTECHNIKEN FINDEST DU IM INTERNET. VERFÜGT IHR ÜBER EINE HEBAMME FÜR DIE NACHSORGE, KANNST DU SIE EBENFALLS UM RAT FRAGEN. VIELE HEBAMMEN BEFÜRWORTEN DIE VERWENDUNG EINES TRAGETUCHS UND SIND EINE GUTE HILFE BEIM ÜBEN VERSCHIEDENER WICKELTECHNIKEN.

ERWÄHNENSWERTES:

Fotoreihe

Sehr beliebt bei Eltern ist das Fotografieren der eigenen Kinder in jeder Situation. Oft wird kurz nach der Geburt ein Baby-Fotoshooting gemacht. Auch gemeinsame Shootings mit den Eltern sind keine Seltenheit. Eine weitere Möglichkeit für schöne Erinnerungsfotos ist das monatliche Fotografieren des Kindes mit einem beschrifteten Kärtchen neben dem Baby.

Die meisten Karten sind mit dem Alter vom ersten bis zum zwölften Monat beschriftet. Andere beschreiben besondere Ereignisse wie den ersten Zahn, das erste Lachen oder das erste Wort. Ein solches Kartenset kannst du kaufen, du kannst es allerdings ebenso gut nach deinen eigenen Vorstellungen basteln und gestalten.

Vielleicht möchtest du deinem Kind etwas Besonderes anziehen, ihm eine Fliege oder Schleife umbinden oder ihm in späteren Lebensmonaten einen Zopf oder eine andere Frisur machen. Lege den Säugling im Anschluss daran auf eine Decke mit der jeweiligen Karte daneben oder auf seinem Bauch. Du könntest ebenfalls den Boden um dein Kind herum mit Blumen, einem Kuscheltier oder anderen Objekten dekorieren.

TIPP!

DIESE MONATLICHEN FOTOS SIND SOWOHL EIN WUNDERBARES ERINNERUNGSSTÜCK FÜR EURE KLEINE FAMILIE ALS AUCH WILLKOMMENE GESCHENKE FÜR DIE GROSSELTERN UND ANDERE FAMILIENMITGLIEDER. EINE GUTE IDEE IST DAS ANLEGEN EINES FOTOALBUMS FÜR DIESE SOWIE WEITERE FOTOREIHEN, SODASS SICH DIE BILDER JEDERZEIT ANSEHEN UND ZEIGEN LASSEN.

ERWÄHNENSWERTES:

Alltagssituationen erklären

Rede mit deinem Kind, wann immer es geht – beim Kochen oder auf dem Spaziergang. Sprich mit ihm, während du es trägst, und erkläre ihm, was es sieht beziehungsweise was um euch herum geschieht. Informiere das Neugeborene darüber, was du mit ihm machst, beispielsweise beim Baden, Anziehen und Wickeln. Das kann sich zunächst seltsam anfühlen oder aber von Anfang an selbstverständlich für dich sein.

Dein Baby hat dadurch die Möglichkeit, sich weiter an dich und deine Stimme zu gewöhnen. Obendrein wirkt deine tiefe Stimme beruhigend und gibt ihm Sicherheit. Selbst wenn es deine Worte noch nicht versteht, kann es meist die Intention dahinter spüren.

Mithilfe von Gesprächen und Erklärungen hilfst du deinem Kind zugleich, sein Sprachverständnis zu verbessern und bestimmte Wörter mit Objekten und Handlungen zu verknüpfen. Du trägst über die Dauer dazu bei, dass es sich selbst und seine Gefühle besser verstehen lernt, wenn du mit Worten Situationen beschreibst: „Du weinst, weil du Hunger hast. Gleich bringe ich dich zu Mama.“ Oder: „Du fühlst dich unwohl, weil dir kalt ist. Ich ziehe dir eine Hose über, damit dir warm wird.“

INFOBOX:

BEREITS WENIGE WOCHEN ALTE BABYS VERSTEHEN WORTE UND SÄTZE, DIE SIE WIEDERHOLT HÖREN. SIE KÖNNEN FREUDIGE GERÄUSCHE VON SICH GEBEN, WENN SIE ZUM BEISPIEL „ICH NEHME DICH INS TRAGETUCH“ ODER „DU KOMMST JETZT AN DIE BRUST“ HÖREN.

ERWÄHNENSWERTES:

Zeitkapsel

Erstelle eine Zeitkapsel für dein Kind, die du mit Fotos, Briefen und verschiedenen bedeutungsvollen Gegenständen aus dem ersten Lebensjahr deines Neugeborenen füllst. Die Kapsel kann eine Kiste oder ein großer Briefumschlag sein. Sammle über die nächsten Monate die unterschiedlichsten Dinge, die du mit deinem Baby verbindest.

Du kannst kurze Geschichten zu den Objekten aufschreiben oder witzige Anekdoten notieren. Beschreibe deinem Nachwuchs euer derzeitiges Leben und wie die Welt in seinen ersten Lebensjahren aussah. Vielleicht möchtest du ihm einen Brief schreiben, der an sein älteres Ich gerichtet ist.

Du kannst ihm Wissen mitgeben oder Vermutungen über seine Zukunft anstellen. Es ist Platz für Spaß sowie ernsthafte Themen, für Offenbarungen und Gefühlsausbrüche.

Gehe sicher, dass die Farbe der Schriftstücke nicht verblasst, indem du spezielle Stifte verwendest und die Papiere von Sonnenlicht fernhältst. Über die nächsten Jahre bewahrst du die Zeitkapsel sicher und trocken auf, bis du sie deinem Kind zu einem späteren Zeitpunkt, beispielsweise seinem 18. Geburtstag, übergibst.

MEINE IDEEN:

Körperpflege

Eine gute Möglichkeit, die Bindung zu deinem Säugling zu stärken, ist die Körperpflege. Übernimmst du als Papa die körperliche Pflege, kannst du sowohl die Mutter entlasten als auch liebevolle Momente mit deinem Kind verbringen. Die Körperpflege ist ein grundlegender Teil des Babyalltags. Nimmst du dir bewusst Zeit dafür, können du und dein Kind sich auf diese kostbare gemeinsame Zeit freuen.

Zum Pflegeprogramm gehört nicht nur das Baden, sondern ebenso das Schneiden der Fingernägel und das Einölen oder Eincremen verschiedener Körperteile. Mit einer Babybürste kannst du zudem die Haare des Neugeborenen bürsten und den Kopf sanft mit den weichen Borsten massieren.

Auch beim Wechseln der Windeln oder der Kleider kannst du die Beziehung zu deinem Kind durch Berührungen, Gespräche oder kleine Spiele verbessern. Kreiere eigene kurze Rituale wie Krabbelspiele oder eine Massage, auf die sich dein Nachwuchs künftig freuen kann.

INFOBOX:

DA DIE HAUT VON BABYS SEHR DÜNN IST, SOLLTEN SÄMTLICHE PFLEGEPRODUKTE SO NATÜRLICH WIE MÖGLICH SEIN. DAS BADEN EMPFIEHLT SICH ZWEI- BIS DREIMAL WÖCHENTLICH FÜR FÜNF BIS HÖCHSTENS ZEHN MINUTEN. HÄUFIGES BADEN SOWIE SEIFEN UND SHAMPOOS TROCKNEN DIE KINDERHAUT SCHNELL AUS, WESWEGEN WENIGER MEHR IST. VERWENDE ANSTELLE VON CREMES UND SEIFEN LIEBER SPEZIELLES BABY- ODER MANDELÖL FÜR DAS BAD ODER DAS EINÖLEN.

ERWÄHNENSWERTES:

Gesang

Dein Baby liebt nicht nur deinen Geruch und deine Nähe. Darüber hinaus freut es sich, deine Stimme zu hören. Wenn du ihm Geschichten erzählst, lauscht es gespannt. Es versucht, einen Sinn aus den Worten und seiner Umgebung zu ziehen.

Bringe eure „Gespräche" nun auf das nächste Level, indem du deinem Kind etwas vorsingst. Dabei ist es egal, ob du dafür Kinder- oder deine Lieblingslieder – ob Rock, Pop oder Schlager – auswählst oder ob du dir eigene Songs einfallen lässt. Es ist ebenso unerheblich, ob du den Text vergisst und die Lücken mit „Dadada“ oder „Dumdidum“ füllst. Es ist sogar unwichtig, ob du die Töne triffst oder nicht. Dein Baby wird es genießen, dir zuzuhören, und das ist das Einzige, was zählt. Wie wäre es mit einem Lied über euren Tag? Du kannst deinem Kind genauso gut ein Rezept in gesungener Form vortragen. In den ersten Lebensmonaten ist es noch nicht wählerisch.

INFOBOX:

EBENSO WIE MIT ERKLÄRUNGEN UND DEM ERZÄHLEN VON GESCHICHTEN FÖRDERST DU DURCH DEINEN GESANG DIE SPRACHENTWICKLUNG DEINES KINDES. DAHER IST ES SO ESSENZIELL, MIT BABYS MITHILFE VON WORTEN IN KONTAKT ZU SEIN.

ERWÄHNENSWERTES:

Kuscheln

Eine schöne und äußerst beliebte Beschäftigung, die die Papa-Kind-Beziehung stärkt und für die immer Zeit sein sollte, ist das Kuscheln. Ob nackig oder angezogen, ob eingekuschelt auf dem Sofa oder im Familienbett – Kuscheln ist von größter Bedeutung und geht immer und überall.

Da Babys daran gewöhnt sind, von ihrer Mutter im Bauch getragen zu werden, lassen sie sich in der ersten Zeit nach der Geburt eher von ihr als vom Papa trösten. Manchmal scheint es, als müsste Mama das Neugeborene nur minimal berühren, damit es sich be-ruhigt. Es kann frustrierend sein, wenn du dein Kind zunächst weniger schnell trösten kannst. Aber: Es liegt nicht an dir, und du machst nichts falsch. Es ist normal, dass die Mama in solchen Momenten oft noch bevorzugt wird.

Je öfter du dich in Momenten, in denen es weint und schreit, um dein Kind kümmerst, desto leichter wird es sich von dir künftig beruhigen lassen. Wahrscheinlich kommt die Mama meistens schnell angerannt, um das weinende Baby in ihre Arme zu schließen. In gewissen Situationen ist das in Ordnung, insbesondere, wenn das Baby hungrig ist. Meistens ist es allerdings unnötig, denn du als Papa wirst ebenso einen Weg finden, deinem Kind zur Seite zu stehen, sodass es mit dem Weinen aufhört. Das kannst du deiner Partnerin gern in ruhigen Worten erklären.

TIPP!

LÄSST SICH DER SÄUGLING VON DIR EINFACH NICHT BERUHIGEN UND WEINT SEHR LAUT UND STARK, DARF ES SELBSTVERSTÄNDLICH ZUR MAMA. GERN DÜRFT IHR EUCH IN SOLCHEN MOMENTEN ABWECHSELN UND BEIDE EUER BESTES GEBEN. VOR ALLEM WÄHREND WACHSTUMSSCHÜBEN LASSEN SICH BABYS MANCHMAL WENIGER SCHNELL BERUHIGEN.

ERWÄHNENSWERTES:

FOTOECKE – PAPA UND ICH

> **KINDER SIND WIE BLUMEN. MAN MUSS SICH ZU IHNEN NIEDERBEUGEN, WENN MAN SIE ERKENNEN WILL.**
>
> FRIEDRICH FRÖBEL

Hier kannst du schöne Erinnerungsfotos von den genannten Aktivitäten einkleben: vielleicht ein Foto von dir mit deinem Kind in der Trage oder ein Bild, das euer erstes gemeinsames Bad festhält?

3.2 AKTIVITATEN AB DEM 2. MONAT

Nun ist die Geburt schon einen Monat her, und wahrscheinlich kannst du dir gar nicht mehr vorstellen, wie du dein Leben ohne deinen kleinen Schatz verbringen konntest. Ihr spielt euch als Familie immer besser ein, und deine Vaterrolle steht dir sicherlich schon sehr gut.

Dein Sprössling hat einiges an Gewicht sowie Fettpölsterchen zugelegt und sieht immer mehr nach einem eigenständigen Menschen aus. Seine Bewegungen wirken fließender, und es sucht langsam bewusst den Kontakt zu euch Eltern. Auch die geistige Entwicklung und die Entwicklung seiner Sinne sind weiter fortgeschritten.

Im zweiten Lebensmonat wächst dein Nachwuchs um bis zu vier weitere Zentimeter und nimmt überdies mehr als 200 Gramm pro Woche zu. Seine Wachphasen verlängern sich, er wird von Tag zu Tag aktiver und sieht dich häufig freudestrahlend an. Der Säugling nimmt seine Umwelt inzwischen immer bewusster wahr. Das wohl schönste Geschenk dieses Monats ist das erste richtige Lächeln (und natürlich alle weiteren).

WIE GENAU SICH DEIN BABY IN DIESEM MONAT WEITERENTWICKELT, ERFÄHRST DU IN DIESER ÜBERSICHT:

- ☆ Es öffnet die Hände öfter und kann verschiedene Objekte kurz festhalten.
- ☆ Es lächelt und gibt verschiedenartige Laute von sich.
- ☆ Es kann das Köpfchen sicherer halten und es auf dem Bauch liegend anheben.
- ☆ Es strampelt viel und rudert mit den Armen.
- ☆ Es kann bis zu einem Meter Entfernung scharf sehen.
- ☆ Es hat einen sehr gut ausgeprägten Geruchs- und Geschmackssinn.

Da dein Kind jetzt immer aktiver ist, kannst du dich vielseitiger mit ihm beschäftigen. Dein Liebling ist von Natur aus neugierig, damit es stets Neues lernt und sich gut weiterentwickelt.

Strampelübungen

Du wirst bemerken, dass sich dein Kind seit kurzem viel mehr bewegt als zuvor und koordinierter wirkt. Es strampelt vermutlich wie wild mit seinen Beinen, wenn es auf dem Rücken liegt. Ist es auf deinem Arm oder liegt es neben dir, drückt es sich eventuell mit den Beinen von dir weg. Babys trainieren so auf natürliche Weise ihre Beine für die kommenden Wochen und Monate. Das Strampeln und das Rudern der Arme ist ein wichtiger Schritt auf dem Weg zur ersten Drehung auf den Bauch.

Gemeinsam kannst du mit deinem Baby strampeln und Spaß haben. Geführte Strampelübungen helfen diesem bei der Koordination sowie der Grobmotorik und können außerdem die Darmaktivität verbessern. In der Folge können Bauchschmerzen gemindert und mögliche Verstopfungen gelöst werden.

Lege dein Baby für die Strampelübungen auf eine weiche Decke auf den Boden. Diese Aktivität könnt ihr aber ebenso gut auf dem Bett oder dem Sofa ausführen. Achte darauf, dass dein Sprössling gerade glücklich und satt ist, damit er die Übung gern mitmacht. Umfasse vorsichtig die kleinen Füße oder Fußgelenke und führe beide Beine mit leichtem Druck in Richtung Bauch. Danach ziehst du seine Beine langsam wieder zu dir. Wiederhole diese beiden Schritte mehrmals. Nach einigen Malen versteht dein Kind deine Intention und bewegt seine Beinchen automatisch zum Bauch und wieder davon weg. Wie schnell die Intention verstanden wird, ist von Kind zu Kind unterschiedlich.

Eine ähnliche Übung ist das Führen von nur einem Bein zum Babybauch, während das andere gestreckt verharrt. Schiebe dafür das rechte Bein vorsichtig hoch und ziehe das linke Bein zu dir. Anschließend schiebst du das linke Bein hoch und streckst das rechte.

> ***Passend dazu kannst du einen Strampelvers aufsagen wie den folgenden:***
>
> *„Guten Tag, ihr Füßchen, wie heißt ihr denn?*
> *– Ich heiße ‚Hampel', und ich heiße ‚Strampel'.*
> *Ich bin das Füßchen Übermut,*
> *und ich bin das Füßchen Tunichtgut.*
> *Übermut und Tunichtgut gehen auf die Reise.*
> *Patschen durch die Sümpfe, nass sind Schuh' und Strümpfe.*
> *Guckt die Mutter um das Eck, laufen alle beide weg."*

Anleitung:

Erst nimmst du beide Füße des Säuglings in deine Hände. Hebe und wackle mit seinem linken Fuß, anschließend hebst du den rechten Fuß und wackelst mit diesem herum. Danach wackelst du erneut erst mit dem linken, dann mit dem rechten Fuß. Bewege beide Füße danach langsam, als würden sie spazieren gehen, bevor sie schnell davonlaufen.

Mach diese Übungen nur, solange dein Kind Gefallen daran findet. Fängt es an zu meckern, wechsle die Aktivität.

> **TIPP!**
>
> BESONDERS VIEL SPASS MACHT DAS STRAMPELN UNTENRUM OHNE KLAMOTTEN, UND AUCH DER EMPFINDLICHEN BABYHAUT TUT DIE FRISCHE LUFT GUT. MÖCHTEST DU SICHERGEHEN, DASS DIE BABYDECKE SAUBER UND TROCKEN BLEIBT, LEGE EINE OFFENE WINDEL ODER EINE WASSERDICHTE UNTERLAGE UNTER DEN PO DEINES NACHWUCHSES.

Einschlafritual

Kinder sind bereits im Babyalter in der Lage, wiederkehrende Abläufe zu erkennen. Kleine Rituale geben den meisten Kindern Sicherheit und helfen ihnen, sich während des Tages zurechtzufinden. Wenn du dir ein Ritual einfallen lässt, welches du regelmäßig vor dem Nachtschlaf wiederholst, kann sich dein Baby darauf einstellen. Es wird sich wahrscheinlich sogar darauf freuen, denn es weiß dadurch, was als Nächstes kommt. Ein Einschlafritual kann überdies dazu beitragen, dass Kinder leichter in den Schlaf finden.

Wie kann ein Einschlafritual aussehen? Es kann beispielsweise daraus bestehen, dass du das Licht dimmst oder von der Zimmerbeleuchtung auf eine Nachttischlampe umschaltest. Der nächste Schritt könnte sein, die Windel zu wechseln und deinem Baby einen Schlafanzug anzuziehen. Es folgt ein langsamer Tanz mit dem Baby im Arm durch das Zimmer oder ein kurzes Gute-Nacht-Lied. Zu guter Letzt wird das Kleine von Mama in den Schlaf gestillt beziehungsweise mit einem Fläschchen im Bett gefüttert.

Eine andere Option wäre das Ansehen eines bestimmten Buches, welches ideal auf das Alter deines Kindes abgestimmt ist. Auch eine kurze Geschichte oder ein Einschlafreim können Teil des allabendlichen Rituals sein. Das von dir erdachte Ritual kannst du später je nach Kindesalter anpassen und erweitern.

TIPP!

WENN DEIN BABY NICHT MÜDE IST, SOLLTEST DU ES NICHT ZUM SCHLAFEN ZWINGEN. IN DEN MEISTEN FÄLLEN WIRD SICH DIE EINSCHLAFBEGLEITUNG EINFACH IN DIE LÄNGE ZIEHEN, DENN DEIN KIND SCHLÄFT NUR EIN, WENN ES WIRKLICH MÜDE IST. ES IST GENAUSO WICHTIG, DASS DU DEIN MÜDES BABY NICHT WACHHÄLTST, WEIL EIN ÜBERMÜDETES KIND HÄUFIG SCHWER IN DEN SCHLAF FINDET UND VON DIVERSEN REIZEN ÜBERFORDERT IST.

ERWÄHNENSWERTES:

Grimassenmarathon

Im zweiten Lebensmonat ist dein Kind sozialer als zuvor und baut instinktiv Beziehungen zu seinen Bezugspersonen auf. Die Natur hat dies so eingerichtet, da ein Baby ohne uns Erwachsene nicht überleben könnte. Dein Kind wird demnach deine Aufmerksamkeit und deinen Blick suchen. Es wird dich anlächeln und andere Gesichtsausdrücke ausprobieren. Tritt mit ihm in Kontakt, indem du zurücklächelst oder seine anderen Grimassen nachahmst. Viele Babys freuen sich darüber und zeigen dir als Dank erneut ein Lächeln.

Am besten macht ihr es euch auf dem Sofa bequem, das Baby auf deinem Schoß oder in deinem Arm liegend. Alternativ liegt dein Schatz auf der Krabbeldecke, und du beugst dein Gesicht über das seine.

Lass dir verschiedene Grimassen einfallen und zeige sie deinem Kind. Verziehe dein Gesicht zu einem überbreiten Grinsen oder strecke deine Zunge heraus. Verdrehe deine Augen oder mach ein ernstes Gesicht. Du wirst sehen, dass dein Kind versucht, deine Mimik zu imitieren, oder dich mit großen Augen ansieht.

ERWÄHNENSWERTES:

Gemeinsam brabbeln

Nicht nur die Grimassen deines Kindes kannst du nachmachen, sondern auch seine Laute. In diesem Monat wird es dir nämlich nicht allein neue Gesichtsausdrücke zeigen. Babys testen erstmals ihre Stimme aus, ohne zu weinen oder zu schreien. Sie geben verschiedene Laute von sich. Anfangs sind diese eher kurz, aber sobald dein Kind merkt, wie sehr du dich darüber freust, wird es beginnen, vermehrt zu brabbeln.

Positioniere dich und dein Baby so, dass ihr euch entspannt ins Gesicht sehen könnt, denn mit Blickkontakt macht das Brabbeln mehr Spaß. Entweder wartest du auf die Brabbellaute deines Kleinen oder du beginnst selbst damit, verschiedene Geräusche mit dem Mund zu machen.

Babys genießen diese Art von Interaktion mit ihren Eltern oder Großeltern und anderen Bezugspersonen. Doch speziell das Nachahmen der eigenen Laute durch Papa oder Mama bereitet den Kleinen große Freude.

Durch das gegenseitige Wiederholen der Laute kann mit Zeit und Übung eine Art Gespräch entstehen, welches eine besondere Verbindung zwischen euch herstellt. Beim ersten Kind und den ersten Imitationsübungen kann man sich etwas merkwürdig vorkommen, aber es lohnt sich wirklich, sich darauf einzulassen. Die Beziehung zu deinem Kind ist es ohne Frage wert, dass du dich manchmal zum Affen machst.

Krabbelspiele

Ab etwa der siebten Lebenswoche kannst du dein Kind mit Krabbelspielen bespaßen. Bei den nachfolgenden Versen krabbeln deine Finger oder Hände über den Körper deines Kindes. Es gibt zahlreiche lustige Verse und Reime im Internet. Selbstverständlich kannst du dir ebenso gut eigene Verse ausdenken. Es folgt ein schönes Beispiel für einen Krabbelvers:

Erst kommt die Schnecke und krabbelt um die Ecke.
Dann kommt der Hase und zwickt dich in die Nase.
Jetzt kommt der Zwerg, der klettert über'n Berg.
Nun kommt der Floh, und der macht so!

Anleitung:

Krabble mit deinen Fingern den Arm deines Kindes hinauf, bis in sein Gesicht. Stupse ihm vorsichtig an die Nase. Als Nächstes krabbelst du ihm mit deinen Fingern über den Kopf. Tippe deinem Baby zu guter Letzt mit einem Finger an Brust und Bauch.

INFOBOX:

DIESE ART VON SPIEL SCHULT DIE WAHRNEHMUNG DEINES KINDES. ES SPÜRT DEINE FINGER AUF SEINEM KÖRPER UND FOLGT DIESEN VIELLEICHT SOGAR MIT SEINEN AUGEN. EBENSO WERDEN SEINE KOORDINATION UND SPRACHENTWICKLUNG GEFÖRDERT.

ERWÄHNENSWERTES:

Bauch auf Bauch

Als Eltern erhält man von vielen Seiten gut gemeinte Ratschläge, ob von Freunden und Bekannten oder von den eigenen Eltern. Alle möchten nur das Beste für euch und das Baby. Oft hört man unter anderem, dass man ein Baby auf einer Decke bäuchlings auf den Boden legen soll. Diese Übung soll das Kind dazu animieren, sein Köpfchen anzuheben und die Nackenmuskulatur zu trainieren. Was wir dabei außer Acht lassen: Ein Kind in diesem Alter ist hilflos und kann seinen Kopf noch nicht gut heben. Was es sieht, ist der Boden, die Füße der Möbel oder die der Eltern.

Schöner ist eine solche Übung, wenn du den Säugling bäuchlings auf deinen eigenen Bauch legst. Es spürt so die Wärme deines Körpers, hört deinen Herzschlag und sieht dein Gesicht, wenn es seinen Kopf hebt. Auf diese Art macht die Übung ihm viel mehr Spaß. Während dein Baby seine Muskulatur stärkt, verbessert sich zugleich eure Beziehung.

TIPP!

INTENSIVIEREN KANNST DU DIE ÜBUNG DADURCH, DASS DU DEIN NACKTES BABY (MIT ODER OHNE WINDEL) AUF DEINEN NACKTEN OBERKÖRPER LEGST.

ERWÄHNENSWERTES:

Kitzelverse
Zwar solltest du dein Kind noch nicht ausgiebig kitzeln, solange es sich nicht wehren kann. Kurze Kitzelspiele machen den meisten Babys allerdings Spaß.

Wie bei den Krabbelspielen kannst du dir eigene Verse einfallen lassen oder im Internet nach Anregungen suchen. Nachfolgend sind zwei niedliche Kitzelverse beschrieben:

1. *Kleine Schnecke, kleine Schnecke, krabbelt rauf, krabbelt rauf, krabbelt wieder runter, krabbelt wieder runter, kitzelt deinen Bauch und die Füße auch.*

Anleitung:
Die Melodie dieses Verses ist die des bekannten Kinderliedes „Bruder Jakob". Krabble mit deinen Fingern von den Babyfüßen bis zum Kopf. Anschließend krabbeln deine Finger bis zum Bauch herunter, kitzeln kurz diesen und schließlich die Füße.

2. *Kribbel, krabbel, itzel, pitzel, zeig dein Bäuchlein, kitzel, kitzel!*

Anleitung:
Krabble mit deinen Fingern bei jedem Wort auf einen anderen Körperteil deines Babys. Am Ende kitzelst du dieses ein wenig.

Weil ein Säugling an diesen Versen hauptsächlich der Wiederholung wegen Spaß hat, kannst du diese Spiele mehrmals täglich mit ihm spielen. Er freut sich, wenn er weiß, wie es weitergeht, und wartet gespannt das Krabbeln oder Kitzeln ab. Diese Übungen fördern neben dem Sprachverständnis des Kindes ebenfalls dessen Körperwahrnehmung.

TIPP!

ACHTE DARAUF, DASS DIE VERSE FÜR JUNGE BABYS EHER KURZ SIND. DER GRUND DAFÜR IST DIE NOCH BESCHRÄNKTE AUFMERKSAMKEITSSPANNE DES SPRÖSSLINGS. BEIM KITZELN SELBST SOLLTEST DU NICHT MIT SANFTEN BERÜHRUNGEN, SONDERN MIT LEICHTEM DRUCK KITZELN, SODASS ES NICHT UNANGENEHM FÜR DEIN BABY WIRD.

ERWÄHNENSWERTES:

FOTOECKE – PAPA UND ICH

> KINDER ERFORDERN EIN DICKES FELL –
> ABER EIN GANZ WEICHES.
>
> RUTH W. LINGENFELSER

Halte eure schönsten und lustigsten Grimassen mit der Kamera fest und verewige diese sowie weitere Momente aus dem zweiten Lebensmonat deines Schatzes auf den nächsten beiden Seiten.

Babymassage

Ganz besondere Momente kannst du mit deinem Kind während einer Babymassage erleben. Ist dein Baby ausgeruht und satt, wird es eine Massage von dir genießen. Beachte allerdings, dass das Massieren bestimmter Körperteile für manche Babys unangenehm ist. Es gibt einige, die sich zum Beispiel beim Massieren des Bauches unwohl fühlen, eine Fußmassage aber dankbar annehmen. Diese Präferenz kann sich übrigens von Woche zu Woche ändern. Scheint dein Kind die Bauchmassage derzeit nicht zu mögen, versuche es zu einem späteren Zeitpunkt erneut.

Es gibt zahlreiche Möglichkeiten, ein Kind zu massieren. Eltern können sogar an Kursen teilnehmen, in denen sie mehrere Arten der Babymassage erlernen können. Hier werden dir zwei Beispiele vorgestellt:

Kreise auf dem Rücken:

Du legst deine Hände oberhalb des Pos auf den Rücken des Babys. Anschließend bewegst du deine Finger in kreisenden Bewegungen hoch bis zu den Schultern und wieder zurück. Bei kleinen Babys funktioniert dies am besten mit den Daumen. Die Bewegungen solltest du im gleichen Tempo auf beiden Seiten parallel zur Wirbelsäule ausführen. Diese Massage kannst du alternativ mit nur einer Hand ausüben. Dazu spreizt du deine Hand über die Breite des kleinen Rückens und machst kreisende Bewegungen.

Bauch seitwärts streicheln:

Lege deine Hände um den Bauch deines Kindes, sodass sich deine Finger jeweils an einer Seite der Hüfte befinden. Diese Position gibt dem Kleinen Halt und Sicherheit. Deine Daumen liegen nebeneinander unter dem Bauchnabel. Mit den Daumen streichst du gleichzeitig jeweils seitwärts zu den Hüften. Dort angekommen, führst du sie streichelnd zurück zur Bauchmitte. Achte darauf, gleichmäßige Bewegungen durchzuführen, damit dein Kind auf beiden Körperhälften das Gleiche spürt.

Für die Massage kann dein Baby angezogen oder nackt sein. Am schönsten fühlen sich die Berührungen natürlich auf der bloßen Haut an. Du kannst dabei zudem ein paar Tropfen Oliven- oder Mandelöl in die Haut deines Kindes einmassieren.

TIPP!

BEGINNE DIE MASSAGE RUHIG, INDEM DU DEINEM BABY ERKLÄRST, WAS ALS NÄCHSTES PASSIERT. DU KANNST ES AUSSERDEM UM ERLAUBNIS FRAGEN UND DARAUF WARTEN, DASS ES NACH DEINEN IHM ZUGEWANDTEN HÄNDEN GREIFT. VERWENDEST DU ÖL, SOLLTEST DU ES ZUNÄCHST IN DEINEN HÄNDEN DURCH REIBEN ANWÄRMEN.

ERWÄHNENSWERTES:

Was berührt mich?

Um den Tastsinn deines Babys zu fördern und es mit unterschiedlichen Materialien vertraut zu machen, kannst du diese Übung durchführen: Lege dir zwei bis drei verschiedene weiche oder glatte Objekte zurecht, mit denen du anschließend über die nackte Haut deines Kindes streichst. Körperbereiche, die sich hierfür besonders anbieten, sind beispielsweise die Arme oder Beine. Passende Gegenstände können eine Feder, ein Tuch oder Schal sowie ein Löffel sein. Am Anfang der Übung erzählst du deinem Kind, was es erwartet. Zeige ihm den jeweiligen Gegenstand und nenne ihm dessen Bezeichnung, bevor du damit über die ausgewählte Körperstelle streichst.

Wenn du diese Aktivität regelmäßig ausüben möchtest, kannst du stets andere Objekte verwenden. Eine weitere Abwandlung der Übung für ältere Babys ab etwa vier Monaten ist das Reichen des Gegenstands an dein Kind, sodass es ihn mit den Händen und dem Mund erkunden kann.

INFOBOX:

NEBEN DER HAUT IST DIE ZUNGE EINES DER BEDEUTENDSTEN MENSCHLICHEN SINNESORGANE. MIT IHR KÖNNEN WIR NICHT NUR SCHMECKEN, SONDERN AUCH TASTEN. BABYS SETZEN IHRE ZUNGE GEZIELT DAZU EIN, DIE WELT ZU ENTDECKEN UND ZU VERSTEHEN.

ERWÄHNENSWERTES:

Babygymnastik

Du kannst dein Kind zu verschiedenen Bewegungen anregen, indem du seine Beine und Arme sanft führst. Auf diese Weise kann es seine Motorik trainieren, aber auch sein Körperbewusstsein verbessern. Achte darauf, dass dein Baby ausreichend Zeit hat, seine Körperteile zu berühren und zu spüren, wie sich dies anfühlt.

Nachfolgend werden zwei Übungen beschrieben, die du vorsichtig und ohne viel Druck der Arme und Beine durchführen kannst. Für diese Übungen liegt dein Kind auf dem Rücken.

Arme kreuzen:

Greife sanft die Handgelenke oder Unterarme deines Babys und führe die Hände über seiner Brust zusammen. Da seine Hände frei sind, können seine Finger sich berühren. Nach einer kurzen Weile der bewussten Wahrnehmung kreuzt du die kleinen Arme vor seiner Brust. Wieder gibst du deinem Kind Zeit, sich zu spüren. Wechsle die Position der Arme, sodass der obere nun unten liegt. Wiederhole dies mehrmals. Im Anschluss führst du die Arme auseinander, bis du sie ein wenig streckst. Wenn du möchtest, kannst du deinem Kind dabei sagen: „So groß bist du!“

Arme und Beine kreuzen:
Greife den linken Arm deines Babys mit einer Hand und sein rechtes Bein mit der anderen. Führe sie über dem Bauch zusammen und lass sie sich ertasten. Nach einer kurzen Pause in dieser Position führst du das Bein an die Brust und den Arm an den Oberschenkel deines Sprösslings. Wieder lässt du deinem Kind Zeit zum Wahrnehmen. Danach bewegst du seinen Arm unter das Bein, bevor beide Gliedmaßen wieder nach außen gestreckt werden. Wiederhole die Übung mit dem rechten Arm und dem linken Bein.

Eine weitere Option der Körperbewegung kombiniert mit einem süßen Vers ist die folgende:

Die Schnecke sitzt im Schneckenhaus und streckt nur ihre Fühler aus.

Sie schwenkt sie hin, sie schwenkt sie her und fragt ganz leise: „Ist da wer?“

Anleitung:
Erst streckst du die Arme deines Babys hoch über seinen Kopf. Danach bewegst du seine Arme nach rechts und links. Im letzten Schritt stupst du ihm kurz auf die Nase.

ERWÄHNENSWERTES:

Raubtierfütterung

Wenn ein Baby nach Mamas Brust sucht und sie zum Trinken in den Mund nimmt, erinnert seine Mimik manchmal an die eines Raubtiers, in der niedlichen Version natürlich. Die Muttermilch ist wichtig für Babys, denn sie wirkt entzündungshemmend, ist leicht verdaulich und stärkt das Immunsystem, weswegen das Stillen der Pulvermilch vorgezogen werden sollte, wenn möglich. Obendrein haben Studien ergeben, dass stillende Mütter ein geringeres Risiko haben, an Brustkrebs zu erkranken.

Dennoch kann das Stillen manchmal anstrengend sein, und das nicht nur für die Mutter. Als Papa fühlst du dich vielleicht manchmal außen vor gelassen, weil du dein kleines Kind nicht ernähren kannst. Zudem ist das Füttern ein sehr intimer Moment zwischen Mutter und Kind, der zusätzlich deren Bindung stärkt.

Eine gute Lösung dafür ist, dass du als Papa die Fütterung mehrmals pro Woche übernimmst. Ist die Mutter deines Kindes einverstanden, kann sie die Muttermilch mit einer Handpumpe oder einer elektrischen Milchpumpe abpumpen, die du später an euer Kind verfütterst. Nimm zum Füttern einen Becher, einen Löffel oder ein Fläschchen, wobei die ersten beiden die besseren Alternativen sind. Durch das Nuckeln am Flaschenaufsatz könnte es zur Saugverwirrung kommen, sodass das Kleine die Brust nicht mehr (gut) annimmt. Am schönsten ist der Fütterungsmoment für euch beide in einer entspannten Position mit Haut-an-Haut-Kontakt.

INFOBOX:

DAS FÜTTERN DER ABGEPUMPTEN MILCH KANN ÜBERDIES EINE GUTE VORBEREITUNG AUF DEN WIEDEREINSTIEG DER MUTTER IN DEN BERUF SEIN SOWIE DAZU BEITRAGEN, DASS DIE MAMA SICH ÖFTER EINE KURZE AUSZEIT VON EUREM BABY GÖNNEN KANN (SOFERN SIE DAS MÖCHTE).

Sport mit Baby

Fit bleiben und gleichzeitig die Beziehung zum Nachwuchs stärken?Das ist sogar in mehreren Variationen möglich! Einige Beispiele sind das Fahrradfahren mit entsprechendem Anhänger oder das Joggen mit Baby im Kinderwagen. Während sich das Fahrradfahren erst mit älteren Kindern anbietet, klappt das Joggen schon mit den ganz Kleinen.

Entscheidend dabei ist, dass der Kinderwagen das schnelle Laufen mitmacht. Bei dem Modell sollte es sich um einen Jogger mit drei großen Reifen handeln, damit er problemlos über Unebenheiten fahren kann. Des Weiteren sollte der Kinderwagen über Luftbereifung zum Abfedern verfügen, um den Komfort für das Baby zu erhöhen.

Andere Möglichkeiten, um Sport mit Baby zu betreiben, sind das Kangatraining sowie Pilates und Yoga. Dabei trainierst du meist, während dein Kind sich im Tragetuch befindet. Heutzutage werden in allen großen Städten entsprechende Sportkurse für Mama oder Papa mit Baby angeboten.

Möchtest du lieber zu Hause trainieren, kannst du einem Video-Workout folgen oder dir verschiedenste Übungen für den Sport mit Baby heraussuchen. Ideal geeignet für das Training mit Tragetuch sind zum Beispiel Ausfallschritte oder Kniebeugen. Ganz ohne Tragetuch, mit dem Baby auf der Sportmatte liegend, funktionieren zum Beispiel Liegestützen, Kniebeugen und Sit-ups. Auch viele weitere Übungen sind mit Kind kein Problem.

- Platziere dein Baby für die Liegestützen zwischen deinen Händen auf der Matte. Jedes Mal, wenn du deinen Körper nach unten Richtung Matte bewegst, gibst du deinem Baby einen Kuss auf die Nase, Wange oder Stirn.
- Während der Kniebeugen kannst du ein Spielzeug in die Hände nehmen und es beim Heruntergehen vor das Gesicht deines unter dir liegenden Kindes halten.

☆ Sit-ups eignen sich gut für etwas ältere Kinder: Dafür legst du dich auf den Rücken, während dein Kind sich auf deinen Bauch setzt. Jedes Mal, wenn du den Oberkörper hebst, berührst du mit deiner Nase die Nase deines Kindes.

TIPP!

DIR FALLEN BESTIMMT NOCH WEITERE SPORTÜBUNGEN EIN, IN DIE DU DEIN BABY INTEGRIEREN KANNST. ACHTE JEDOCH DARAUF, DASS DEIN KIND SICH IN EINER EHER RUHIGEN POSITION BEFINDET UND NICHT STARK GESCHÜTTELT WIRD.

Küss den Bauch

Bei dieser Aktivität spielen sowohl Hautkontakt als auch die Körperwahrnehmung eine Rolle. Sie kann besonders gut nach dem Baden oder beim Wickeln durchgeführt werden. Möchtest du sie nach dem Baden ausführen, sollte dein Kind gut getrocknet sein und sich in einer warmen Umgebung befinden.

Der Bauch deines Nachwuchses sollte unbekleidet sein. Küss seinen Bauch. Dabei kannst du jeweils die Stelle variieren. Aber auch die Art des Kusses darf sich verändern. Mal ist der Kuss feucht, mal ist er laut, mal leise. Ein anderes Mal pustest du nach dem Kuss auf den Bauch deines Babys.

Dieses wird gespannt verfolgen, was du da machst, und versuchen, seine Wahrnehmungen einzuordnen. Wie immer gilt: Wirkt dein Kind uninteressiert oder drückt es sein Unbehagen durch Meckern oder Weinen aus, beendest du die Übung.

FOTOECKE – PAPA UND ICH

> **ZWEI DINGE SOLLEN KINDER VON IHREN ELTERN BEKOMMEN: WURZELN UND FLÜGEL.**
>
> JOHANN WOLFGANG VON GOETHE

Papa und Baby beim Sport oder bei der Massage zu sehen – das wäre was! Andere Fotos dürfen hier natürlich ebenfalls ihren Platz finden.

3.3 AKTIVITATEN AB DEM 3. MONAT

In diesem Kapitel werden dir Aktivitäten vorgestellt, die du vom dritten bis zum fünften Lebensmonat einführen kannst, um die Bindung zu deinem Kind zu festigen. Mittlerweile hat dieses vieles dazugelernt und sich stark verändert. Es ist außerdem in seinen Wachphasen sehr viel aktiver. Du als Papa genießt es bestimmt, dass dein Nachwuchs nun noch öfter und länger Zeit mit dir verbringen kann. Doch was kommt in den nächsten drei Monaten auf dich zu? Die nachfolgende Übersicht informiert dich darüber, wie sich dein Baby im dritten, vierten sowie fünften Monat nach der Geburt entwickelt.

IM DRITTEN MONAT HAT DEIN NACHWUCHS:

- ☆ ... dank der Hand-Augen-Koordination seine Hände als Spielzeug entdeckt.
- ☆ ... die Haltung seines Kopfes in aufrechter Position vollständig unter Kontrolle.
- ☆ ... eine stark verbesserte Sicht.
- ☆ ... ein verstärktes Bewusstsein für sich und seine Umwelt.
- ☆ ... eine breite Palette an verschiedenen Gesichtsausdrücken und Lauten parat.
- ☆ ... klar festgelegte Bezugspersonen, sodass er anderen Menschen gegenüber fremdeln kann.

DIESE NEUEN ENTWICKLUNGEN MACHT DEIN KIND IM VIERTEN MONAT DURCH – ES:

- ☆ … entwickelt die Hand-Mund-Koordination.
- ☆ … kann fest zugreifen.
- ☆ … erkundet sämtliche Objekte mit dem Mund.
- ☆ … kann inzwischen sehr gut von weitem hören und Personen sowie Dinge erkennen.
- ☆ … kann neben vielen weiteren Gefühlen Frustration spüren und ausdrücken.
- ☆ … versteht soziale Abläufe besser und beginnt mit der wechselseitigen Kommunikation in seiner eigenen Sprache.

DAS KANN DEIN SPRÖSSLING IM ALTER VON FÜNF MONATEN BEREITS – ES:

- ☆ … greift gezielt mit seinen Händen.
- ☆ … kann seinen Kopf in Bauchlage mühelos halten.
- ☆ … bekommt wahrscheinlich sein erstes Zähnchen.
- ☆ … kann Tonlagen unterscheiden.
- ☆ … lacht mittlerweile mit Stimme.
- ☆ … dreht sich aus der Rückenlage auf den Bauch.

Je älter dein Kind wird, desto individueller ist es in seiner Entwicklung. Es gibt Babys, die sich bereits mit vier Monaten vom Rücken auf den Bauch drehen. Andere tun das erst im Alter von sieben Monaten. Ähnlich kann es mit dem ersten Zahn oder weiteren körperlichen Veränderungen sowie bestimmten Fähigkeiten zugehen. Während dein Säugling womöglich eine Entwicklungsstufe langsamer durchläuft als andere Kinder, ist er dafür meist in anderen Bereichen schneller. Mach dir keine Sorgen, falls dein Kind sich mit fünf Monaten noch nicht dreht oder im dritten Monat noch Probleme mit der Kontrolle seines Köpfchens hat – dein Baby lernt alles, was es braucht, in seinem eigenen Tempo.

Zeit für Mobiles

Dein Kind ist wacher und aktiver als in den letzten Monaten. Es möchte Neues lernen und sehen. Du kannst ihm dabei helfen, seine Sehfähigkeit zu fördern, indem du über seinem Schlafplatz, dem Wickeltisch und/oder an anderen Orten Mobiles aufhängst.

Es sind mittlerweile zahlreiche Mobiles auf dem Markt, und ihr als Eltern habt die Qual der Wahl. Beim Kauf solltest du hauptsächlich austesten, wie interessant das Mobile aus Babys Blickrichtung aussieht. Besser als ein gekauftes Mobile ist ein selbstgemachtes: Durch seine individuelle Optik ist es einzigartig, und du kannst es frei nach deinen Wünschen basteln.

Eine schöne Idee ist ein Mobile mit Fotos der wichtigsten Bezugspersonen. Auch 3D-Mobiles mit echtem Spielzeug sind eine tolle Idee. Dabei musst du allerdings darauf achten, dass die Spielzeuge sicher befestigt sind, sodass sie nicht herunterfallen und den Säugling verletzen können.

Für ein DIY-Mobile benötigst du einen Ring aus Metall oder Holz als Grundgerüst. Du kannst ebenfalls Zweige verwenden. Außerdem brauchst du Fäden oder Schnüre und verschiedene Aufhänger wie Bälle, Fotos oder gehäkelte/gebastelte Figuren. Für die Anbringung an der Decke eignet sich ein Metallhaken.

Baby Talk

Der aus dem Englischen stammende Begriff „Baby Talk" bezeichnet die spezielle verbale Kommunikation mit Babys. Wir passen unsere Sprache gegenüber Säuglingen und Kleinkindern an. Das machen nicht nur die Eltern, sondern die meisten Erwachsenen und älteren Kinder weltweit. Die Hauptmerkmale dieser Anpassung sind die Sprachgeschwindigkeit, der Satzbau und die Betonung der Worte. Dadurch, dass wir uns dem Kind anpassen, wird eine vertraute Verbindung aufgebaut. Es zeugt von Intelligenz, Umsicht und Respekt, sich in die Lage des Gegenübers zu versetzen und sich ihm anzupassen.

Wir verlangsamen also unsere Sprechgeschwindigkeit, in der wir mit Babys reden, und verwenden normalerweise einen vereinfachten Satzbau. Das hilft den Säuglingen, verstehen zu lernen, und fördert folglich deren Sprachverständnis. Die spezielle Tonlage, eine Art Singsang, erregt Aufmerksamkeit und soll das Gesagte besonders interessant machen. Daher folgen Babys dem, was wir zu ihnen sagen, so gern. Des Weiteren begleiten wir unsere Worte für gewöhnlich mit übertriebener Mimik oder verschiedenen Gesten. Unterhalte dich auf diese Weise so oft wie möglich mit deinem Kind. Es trainiert dadurch nicht nur sein Gefühl für die Sprache, sondern ebenso seine sozialen Fähigkeiten. Außerdem schenkt es dir seine volle Aufmerksamkeit und sein schönstes Lächeln, wenn du ihm dafür deine Zeit gibst. Die Folge? – Eure Beziehung intensiviert sich.

Du kannst einige Worte oder Sätze zu deinem Kind sagen. Entweder erklärst du ihm etwas oder stellst ihm eine Frage. Anschließend lässt du ihm Zeit für eine Reaktion. Nach einiger Zeit wird dein Kind beginnen, dir in seiner eigenen Sprache mit Lauten und Gesichtsausdrücken zu antworten. Dein Nachwuchs wird sich über deine Zuwendung freuen und sie genießen.

TIPP!

HAUT- SOWIE BLICKKONTAKT WIRKEN SICH STARK AUF EURE KOMMUNIKATION AUS. VERSUCHE DAHER STETS, MINDESTENS EINEN DER BEIDEN HERZUSTELLEN, WÄHREND DU MIT DEINEM SPRÖSSLING SPRICHST.

Zimmerkonzert

Eine gute Möglichkeit, um deinen Nachwuchs mit diversen Geräuschen und Lauten vertraut zu machen, sind Instrumente. Musik wirkt häufig wie hypnotisierend auf die kleinen Kinder. Sie lauschen gebannt den Tönen, und speziell Babys möchten verstehen, woher diese Töne stammen. Sie sehen sich um und werden nach einiger Zeit die Verbindung herstellen, dass die Musik aus den Instrumenten kommt.

Besitzt du eigene Musikinstrumente wie Gitarre, Trommel oder Keyboard, kannst du diese deinem Kind nacheinander vorspielen. Bestenfalls ist dieses in Sichtweite, sodass es sich die Instrumente genau anschauen kann. Scheint es interessiert, kannst du es an das Instrument annähern, um deinem Baby die Chance zu geben, das Musikinstrument zu ertasten.

Hast du keine Instrumente zu Hause, braucht das Konzert nicht ins Wasser zu fallen. Zahlreiche herkömmliche Gegenstände können alternativ als Instrument herhalten. Beispiele dafür sind Gläser, Töpfe in Kombination mit Kochlöffeln oder mit Reis gefüllte Brotdosen.

INFOBOX:

AM BESTEN SPIELST DU DEINEM KIND TÄGLICH NUR ZWEI INSTRUMENTE VOR. BABYS SAUGEN WIE EIN SCHWAMM ALLES AUF, WESWEGEN DU DARAUF ACHTEN SOLLTEST, DEIN KIND NICHT MIT ZU VIELEN NEUEN EINDRÜCKEN ZU ÜBERFORDERN. MAN SIEHT ES NICHT IMMER SOFORT, WENN EIN BABY UNTER REIZÜBERFLUTUNG LEIDET. OFT ÄUSSERT SICH DAS ABENDS VOR DEM ZUBETTGEHEN DURCH LANGES WEINEN, DENN AM ABEND WERDEN DIE EINDRÜCKE DES TAGES VERARBEITET. WAR ES DEINEM KIND ZU VIEL, KANN ES DAHER PROBLEME HABEN, IN DEN SCHLAF ZU FINDEN. SORGE IN DIESEM FALL FÜR EINE RUHIGE UND ENTSPANNTE UMGEBUNG UND SEI FÜR DEIN KIND DA.

Lichtspiele

Diese Aktivität ist eher für eine dunkle Umgebung geeignet. Junge Babys sind fasziniert von Kontrasten. Abends sieht man die Kontraste zwischen Hell und Dunkel besonders gut. Ist dein Kind gut gelaunt, könnt ihr es euch auf dem Sofa oder dem Bett gemütlich machen und die Eigenschaften von Licht entdecken.

Du nimmst dafür eine Taschenlampe oder dein Smartphone zur Hand und beleuchtest mit dem Licht die Wand oder Decke. Das Gesicht deines Kindes muss der beleuchteten Stelle zugewandt sein. Vermutlich wird es das Licht schon aufmerksam betrachten, ohne dass du etwas tust. Zur Abwechslung kannst du Schattenfiguren machen oder einfach deine Hand vor die Lichtquelle halten, um diverse Schatten auf die Wand oder Decke zu projizieren. Beobachte die Reaktion deines Kindes und verändere die Schatten allmählich.

> **TIPP!**
>
> HAUT- SOWIE BLICKKONTAKT WIRKEN SICH STARK AUF EURE KOMMUNIKATION AUS. VERSUCHE DAHER STETS, MINDESTENS EINEN DER BEIDEN HERZUSTELLEN, WÄHREND DU MIT DEINEM SPRÖSSLING SPRICHST.

Erste Malversuche

Ab dem dritten Lebensmonat ist dein Kind alt genug, um Objekte zu halten. Denkst du aber, dass es noch etwas mehr Zeit benötigt, führe diese Aktivität einige Wochen später erneut mit ihm durch.

Lege ein Blatt Papier und einen Stift bereit, um gemeinsam mit deinem Kind zu malen. Am besten funktioniert das, wenn ihr an einem Tisch sitzt. Nimm das Baby auf deinen Arm und setze es leicht aufrecht hin, an deinen linken oder rechten Arm gestützt. Diese Übung kannst du damit beginnen, dass du ihm den Stift zeigst und ihm sagst, was man damit machen kann. Erkläre ihm, was als Nächstes passiert.

Im nächsten Schritt gibst du deinem Kind den Stift in die Hand und führst diese zum Papier. Bewege gemeinsam mit ihm die Hand über das Papier, um die ersten Kunstwerke zu erschaffen. Ältere Babys können den Stift möglicherweise schon mit minimaler Führung durch dich über das Papier bewegen. Probiere es einfach aus.

ERWÄHNENSWERTES:

Rhythmik

Musik ist Rhythmus – und Rhythmus wirkt magisch auf Babys! Es gibt Babys, die besser einschlafen, wenn man bei der Einschlafbegleitung rhythmische Laute von sich gibt. Falls du es nicht schon machst, solltest du dies versuchen. Wie reagiert dein Kind darauf?

Doch auch tagsüber gibt es spannende Aktivitäten dazu. Während dein Kind sich auf deinem Schoß befindet, kannst du zum Beispiel Klopfgeräusche auf dem Tisch machen. Probiere danach eine andere Oberfläche aus. Du kannst darüber hinaus unterschiedliche Rhythmen verwenden. Bei diesem Spiel wird deinem Kind bestimmt nicht so schnell langweilig.

FOTOECKE – PAPA UND ICH

> WIR BRAUCHEN UNSERE KINDER NICHT ERZIEHEN,
> SIE MACHEN UNS SOWIESO ALLES NACH!.
>
> KARL VALENTIN

Hier ist wieder Platz für eure schönsten Momente sowie für euer erstes zusammen gemaltes Kunstwerk.

Kuckuck

Einer der Klassiker der Babybeschäftigungen ist das berühmte Kuckuck--Spiel: Wo ist der Papa? – Da ist er! – Wo ist das Baby? – Daaa!

Bei dieser Aktivität hältst du dein Gesicht so, dass dein Nachwuchs dich ansehen kann. Suche den Augenkontakt. Anschließend verdeckst du dein Gesicht mit deinen Händen und sagst „Kuckuck". Nachdem du deine Hände zur Seite genommen hast, sagst du „Bah!". Natürlich kannst du genauso gut sagen oder fragen, was du möchtest.

Eine Abwandlung davon ist, dass du die Augen deines Kindes mit deiner Hand verdeckst und sie danach wieder wegziehst. Von diesem Spiel können Babys ab einem gewissen Alter gar nicht genug bekommen.

ERWÄHNENSWERTES:

Multifunktionales Klopapier

Ist das Spielzeug für dein Kind gerade nicht interessant, versuche es doch mal mit Toilettenpapier. Damit lassen sich zahlreiche Spiele für Babys in diversen Altersgruppen erfinden.

Junge Babys dürfen das Papier auf ihrer Haut spüren. Du kannst es leicht über den Arm reiben oder streichen. Älteren Babys gibst du das Papier zum Greifen und Fühlen. In den Mund sollte es jedoch nicht gelangen. Noch ältere Säuglinge haben viel Spaß daran, das Papier in kleine Stücke zu reißen. Alternativ zerreißt du es und lässt die Stücke vor den Augen des Kleinen herunterrieseln.

Mit dem Papier kann man ohne großen Aufwand Hüte oder Schleifen basteln. Lege das Papier dazu einfach um den Kopf des Kindes oder um seinen Hals. Das Gesicht sollte dabei frei bleiben, und auch um den Hals wird das Klopapier nur locker gelegt. Dir fallen überdies sicher noch weitere Dinge ein, die du deinem Kind mithilfe von Toilettenpapier zeigen kannst.

TIPP!

EINE GRUNDLEGENDE BEDINGUNG BEI DIESEN BESCHÄFTIGUNGEN IST, DASS DEIN KIND GENAU SIEHT, WAS DU MACHST. DENN DAS IST DAS SPANNENDE DARAN. DADURCH LERNT ES, ZUSAMMENHÄNGE HERZUSTELLEN UND ABLÄUFE ZU ERKENNEN.

Ballspiele

Beliebt bei Kindern aller Altersklassen sowie bei den meisten Vätern sind Bälle und jede Art von Ballspielen. Schon mit den ganz Kleinen kann man viel Spaß damit haben. Noch dazu schulen Ballspiele die Motorik, die Körperwahrnehmung und später die Koordination.

Anfangs kannst du einen kleinen Ball oder einen großen aufblasbaren Ball an die Füße deines Kindes legen, sodass es den Ball durch das Strampeln wegtreten kann. Auch neben die ausgestreckten Ärmchen kannst du Bälle legen und dein Kind dazu anregen, den Ball zu berühren und zu bewegen.

Eine andere Option ist, dein Baby aufrecht über den Boden zu halten und die Bälle mit seinen Füßen wegschießen zu lassen. Auf diese Weise kann es leichter sehen, was geschieht, wenn es mit den Füßen gegen den Ball tritt. Später, wenn das Kleine sitzen kann, weitest du die Spiele aus: Lege einen weichen Ball auf seinen Kopf und beobachte seine Reaktion beim Herunterrollen des Balles. Oder lass einen Ball auf dein Kind zurollen und motiviere es dazu, ihn zu dir zurückzurollen. Können die Kleinen bereits stehen, ist Fußball ein ebenso spaßiges Spiel für sie.

TIPP!

INSBESONDERE BEI JUNGEN KINDERN SOLLTE EIN WEICHER UND LEICHTER BALL EINEM ECHTEN FUSS- ODER BASKETBALL UNBEDINGT VORGEZOGEN WERDEN. FÜR DIE BABYS IST ES DANN LEICHTER, DEN BALL ZU ROLLEN. AUSSERDEM IST DIE WAHRSCHEINLICHKEIT, DASS SIE SICH VERLETZEN, GERINGER.

ERWÄHNENSWERTES:

Tanzen

Optimal, um einen Säugling zu beruhigen oder ihm in den Schlaf zu verhelfen, ist das gemeinsame Tanzen. Vermutlich wird es sich gespannt umgucken, während du dich bewegst. Für die Augen deines Kindes wird das nach einer Weile anstrengend. Dadurch und durch die wahlweise gleichmäßigen oder aber ruckelnden Bewegungen wird es müde.

Tanzen hilft jedoch nicht nur beim Einschlafen. Ist dein Kind gerade wach und gut gelaunt, kann es sehr viel Spaß an einem schnellen Tanz finden. Du kannst es dabei einfach im Arm tragen. Alternativ darf es für ein Tänzchen im Tragetuch oder einer Trage Platz nehmen.

Größere Babys finden es lustig, wenn man ihnen dabei hilft, selbst zu tanzen. Beispielsweise platzierst du dein Kind auf deinem Bein und fasst ihm zur Sicherheit mit deiner Hand um den Bauch. Das Bein, auf dem dein Sprössling sitzt, bewegst du im Takt der Musik hoch und runter oder seitwärts. Mit deiner Hand wackelst du zusätzlich seine Ärmchen im Takt der Musik hin und her.

TIPP!

DIREKT NACH DEM ESSEN SOLLTEST DU AUF SCHNELLES TANZEN UND MEHR-MALIGE DREHUNGEN BESSER VERZICHTEN.

ERWÄHNENSWERTES:

Musikalischer Schmuck

Ein spannendes Spielzeug kann für Babys ein Arm- oder Fußband sein, welches Musik macht. Das Band kann zum Beispiel mit Glöckchen oder Schellen versehen sein. Da ein solches mühelos selbst herzustellen ist, kannst du mehrere individuelle Bänder kreieren, die unterschiedliche Geräusche von sich geben.

Jedes Mal, wenn dein Säugling nun den Arm oder Fuß bewegt, erklingen Töne. Hat dein Nachwuchs erst einmal verstanden, wie es selbst Musik machen kann, wird es wie wild strampeln oder mit den Armen rudern.

Ganz ähnlich funktionieren Rasselsöckchen: Das sind normale Socken, die du deinem Kind über die Füße ziehst. Allerdings haben sie einen kleinen Stoffball mit integrierter Rassel angenäht. Bewegt dein Sprössling also seine Beine, ertönen Rasselgeräusche.

Um bei dieser Übung in Verbindung mit deinem Kind zu kommen, kannst du ein ähnliches Armband tragen oder mit etwas anderem Geräusche erzeugen. Oft reicht es dem Baby allerdings, wenn du ihm aufmerksam und mit freundlichem Gesichtsausdruck beim „Musikmachen“ zusiehst.

Seifenblasen

Einfach umzusetzen und dennoch von großer Wirkung sind Seifenblasen. Die durchsichtig glänzenden Blasen sind sogar noch bei älteren Kindern sowie Erwachsenen beliebt. Mit diesem Klassiker bist du für viele Kinder ein Held.

Erkläre deinem Baby, was du ihm zeigen möchtest. Im Anschluss pustest du, sodass es die Blasen sehen kann. Puste so, dass zahlreiche Seifenblasen durch die Luft fliegen. Auf diese Weise hat dein Kind die Chance, die Blasen zu erkennen und ihnen neugierig hinterherzuschauen. Mach eine kurze Pause und zeige auf die fliegenden sowie auf die eventuell gelandeten, noch heilen Blasen.

Das Spiel lässt sich stets wiederholen, denn Seifenblasen werden einfach nicht langweilig, zumindest nicht für Kinder. Ist dein Kind ein wenig älter, wird es Gefallen daran finden, sie platzen zu lassen oder selbst welche zu pusten. Erkläre und zeige ihm, dass es mit viel Druck pusten muss, damit die Blasen entstehen. Hilf ihm dabei, indem du den Ring vor seinen Mund hältst. Dein Kind muss dann nur noch pusten. Mit etwas Glück klappt es sogar auf Anhieb.

Papataxi

Für diese Beschäftigung benötigst du entweder eine Decke, eine Kiste oder einen Karton. Diese Utensilien dienen dir und deinem Nachwuchs als Transportmittel. Platziere dein Kind darauf beziehungsweise darin und beginne damit, es durch die Wohnung zu ziehen oder zu schieben.

Insbesondere bei kleineren Babys solltest du nicht zu wild ziehen/schieben. Ihnen genügt eine langsame Fahrt durch die Zimmer. Denk daran, dass dein Kind in schnellen oder engen Kurven von der Decke oder dem Handtuch herunterrutschen könnte.

Für jüngere Babys legst du die Kiste oder den Karton mit einer Decke aus. Ältere Babys können bereits darin sitzen. Noch ältere Kinder können das Seil, an dem du ziehst, bereits selbst festhalten.

Tüchlein, wechsle dich

Nimm dir ein oder zwei saubere Tücher zur Hand. Das können Küchentücher oder Tischtücher sein. Bestens geeignet ist jedoch ein Tuch, das man um den Hals tragen kann. Wichtig ist, dass es nicht zu groß und schwer ist. Du kannst genauso gut verschiedene Tücher auswählen, zum Beispiel ein leicht durchsichtiges und ein dunkles Tuch.

Mithilfe dieser Aktivität kannst du dein Kind mit geringem Aufwand zwischendurch unterhalten. Du bringst es zum Wundern und sicherlich auch zum Lachen. Unter anderem kannst du Folgendes damit machen:

- ☆ Binde dir das Tuch um die Stirn und trage es als Kopfbedeckung. Mach das Gleiche bei deinem Kind.
- ☆ Eine andere Idee ist das Streichen mit dem Tuch über den Bauch deines Kindes.
- ☆ Puste in das Tuch hinein und lass es so von deiner Hand fliegen.
- ☆ Lege das Tuch über deinen Kopf und spiele mit deinem Baby Verstecken. Ist dieses einverstanden, lege ihm das Tuch ebenfalls kurz über den Kopf.
- ☆ Binde euch damit ein Arm- oder Fußband.
- ☆ Verstecke verschiedene Spielzeuge darunter und lass sie von deinem Nachwuchs finden.
- ☆ Knote es an einem Spielzeug fest und bewege das Spielzeug mithilfe des Tuches in verschiedene Richtungen.

Bist du im Spiel mit deinem Sprössling, ergeben sich bestimmt noch weitere Beschäftigungen, die du mit einem oder mehreren Tüchern ausüben kannst.

ERWÄHNENSWERTES:

FOTOECKE – PAPA UND ICH

> **KINDER MÜSSEN MIT DEN ERWACHSENEN VIEL GEDULD HABEN.**
>
> ANTOINE DE SAINT-EXUPÉRY

Schöne Erinnerungsfotos von euch mit den Kopftüchern oder beim Rasen durch die Wohnung dürfen hier nicht fehlen.

Schaukelverse

Zum Trösten oder zum Bespaßen von Säuglingen sind Schaukelverse ideal geeignet. Gepaart mit den entsprechenden Schaukelbewegungen kannst du dein Kind optimal unterhalten. Es gibt unter anderem Verse, mit denen du es im Arm wiegen und mit sanfter Stimme trösten kannst. Ein Beispiel ist dieses:

Heile, heile Segen, sieben Tage Regen,
sieben Tage Schnee, tut schon nicht mehr weh.

Natürlich kannst du dir ebenso eigene Reime oder Verse ausdenken oder dein Kind auf andere Weise trösten. Allein durch dein Halten und das Schaukeln wird es sich geborgen fühlen.

Möchtest du dein Kind zum Lächeln bringen, kannst du es auf dem Schoß hin und her schaukeln und passende Kniereiterverse aufsagen. Drei kurze altersgerechte Verse sind die folgenden:

1. *Eine kleine Dickmadam fuhr mal mit der Eisenbahn.Eisenbahn, die krachte, Dickmadam, die lachte.*
   Lachte, bis der Schaffner kam und sie mit zur Wache nahm.

Anleitung:

Dein Kind befindet sich auf deinem Schoß, von deinen Armen umschlossen. Betone jedes Wort sorgfältig und lass dein Kind die Bewegungen deiner Knie spüren: auf und ab, hin und her.

2. *Fährt ein Schifflein übern See,*
   wackelt's hin und her.
   Kommt ein starker Sturm,
   wirft das Schifflein um.

Anleitung:
Setze dein Baby auf deinen Schoß und halte es dabei gut fest. Bewege die Knie die ganze Zeit auf und ab. Erst bei der letzten Zeile kippst du es im sicheren Griff zur Seite.

3. *Tschu, tschu, tschu, die Eisenbahn,*
wer will mit zur/zum [Name 1] fahr'n?
Alleine fahren mag ich nicht,
da nehm' ich mir die/den [Name 2] mit.

Anleitung:
Dieser Vers lässt sich an die Bezugspersonen, Freunde und Bekannten anpassen, denn die Klammern füllst du mit den Namen zweier unterschiedlicher Personen aus. Dein Sprössling sitzt sicher auf deinem Schoß. Bewege die Knie abwechselnd auf und ab.

ERWÄHNENSWERTES:

Einschlafhilfe

Es ist normal, dass Babys zum Einschlafen die Hilfe ihrer Eltern benötigen. Als Traglinge sind sie ohne uns vollkommen hilflos. Sie benötigen Nähe und Wärme, was ihnen das Gefühl von Sicherheit gibt. Da sie Papa und Mama am Geruch erkennen können, hilft auch dieser den Kleinen, sich geborgen zu fühlen.

Wann Babys allein einschlafen können, ist unterschiedlich. Manche Kinder schlafen mit drei Monaten allein ein und durch, andere erst mit neun oder zwölf Monaten. Dies hängt unter anderem vom Reifeprozess des Gehirns ab. Mit etwa sechs Monaten sind die meisten Kinder in der Lage, sich selbst zu beruhigen, was ein wesentlicher Schritt im Hinblick auf das eigenständige Einschlafen ist. Sei also nicht besorgt, wenn dein Baby vorher nicht allein einschläft. Fühl dich stattdessen geehrt, dass dieser kleine Mensch es bevorzugt, in deiner Nähe zu sein.

MÖCHTE DEIN KIND ALLERDINGS ÜBERHAUPT NICHT EINSCHLAFEN, NICHT EINMAL IN DEINER ODER MAMAS NÄHE, KANNST DU FOLGENDES PROBIEREN:

- Nimm das Kleine ins Tragetuch und tanze zu Musik oder schalte den Staubsauger ein. Viele Babys ermüden durch monotone Geräusche. Ein weiterer Vorteil ist, dass gleichzeitig Haus oder Wohnung sauber werden.
- Mach einen nächtlichen Spaziergang mit deinem Kind im Kinderwagen oder im Tragetuch. Die frische Luft kann dazu beitragen, dass es müde wird.
- Es gibt einige Kinder, die besonders gut beim Autofahren schlafen. Wie wäre es mit einer kleinen Rundfahrt? Trage das schlafende Kind anschließend in der Babyschale ins Haus.
- Lege ein von der Mutter getragenes Kleidungsstück neben das müde Kind und bleibe bei ihm, bis es schläft.
- Manche Kinder schlafen durch das Hören von Föhngeräuschen oder weißem Rauschen (unter anderem auf YouTube zu finden) friedlich ein.

INFOBOX:

DA SMARTPHONE UND TABLET BLAUES LICHT AUSSTRAHLEN, SOLLTEN DIESE DER EINSCHLAFBEGLEITUNG FERNBLEIBEN. DAS BLAUE LICHT VERZÖGERT DIE AUSSCHÜTTUNG VON MELATONIN, DEM HORMON, DAS UNS MÜDE MACHT UND UNS BEIM EINSCHLAFEN HILFT.

ERWÄHNENSWERTES:

Schüttle mich

Nein, nicht das Baby wird geschüttelt, sondern Plastikflaschen! Bei dieser Aktivität kannst du zum wiederholten Mal sehr kreativ sein. Du benötigst kleine Plastikflaschen oder andere durchsichtige Behältnisse, die sich fest verschließen lassen. Dein Kind muss diese greifen und schütteln können.

Für den Anfang sind drei Flaschen ausreichend. Diese füllst du mit unterschiedlichen Materialien wie Sand, Kieselsteinen, Erde oder Wasser. Auch Perlen, Linsen, Reis oder Bohnen sind mögliches Füllmaterial. All diese Objekte machen Geräusche, die sich teils deutlich voneinander unterscheiden. Außerdem sehen sie verschieden aus und fallen jeweils anders, wenn man die Flasche schüttelt oder langsam hin und her bewegt.

Gib deinem Kind Zeit, sich mit den Behältern zu beschäftigen, und lass es selbst herausfinden, dass man die Behältnisse drehen und schütteln kann. Nach einer Weile der Erkundung darfst du an dem Spiel teilhaben und die Flaschen schütteln.

JE NACH ALTER DEINES KINDES KANNST DU DIE FLASCHEN IN ZAHLREICHE SPIELE INTEGRIEREN:

- Du kannst sie hinter deinem Rücken verstecken und dein Baby eine Hand wählen lassen.
- Oder aber du versteckst sie unter Tüchern und Kissen, sodass dein Nachwuchs sie suchen muss.
- Für kleine Kinder ist es außerdem lustig, wenn du die Flaschen auf sie zurollen lässt.
- Du stellst die Flaschen nebeneinander auf und schießt sie mit einem Ball um. Dein Kind sieht dir dabei zu, schießt oder wirft den Ball nach dir ebenfalls.

Jedes dieser Spiele kommt der Entwicklung deines Kindes zugute. Sie fördern beispielsweise die Grobmotorik und die Hand-Augen-Koordination. Der Spaß, den ihr haben werdet, wirkt sich in jedem Fall positiv auf eure Vater-Kind-Beziehung aus.

TIPP!

LASS DEIN KIND NICHT ALLEIN MIT DEN FLASCHEN SPIELEN UND VERSICHERE DICH REGELMÄSSIG, DASS SIE NOCH FEST VERSCHLOSSEN SIND. ABHÄNGIG VOM INHALT KANN ES GEFÄHRLICH SEIN, WENN DEIN KIND SICH DIESEN IN DEN MUND STECKT. ES BESTEHT UNTER ANDEREM DIE GEFAHR, DASS ES SICH VERSCHLUCKT.

Wilder Kopfschmuck

Die meisten Kinder finden Spaß daran, mit Klamotten zu hantieren. Das kann man bei einigen Kindern schon im Babyalter beobachten. Sie legen sich Tücher oder andere Kleidungsstücke um. Andere versuchen, sich selbst an- oder auszuziehen.

Setze dir diverse Objekte auf den Kopf, die deine neue Kopfdeckung darstellen. Dein Kind wird sich schlapplachen, wenn Papa plötzlich ein Nudelsieb oder einen großen (leeren) Joghurteimer auf dem Kopf trägt. Für herzhaftes Lachen sorgen zudem jegliche Art von Hosen (Strumpfhosen, Unterhosen etc.).

Auch andere Gegenstände auf dem Kopf, die durch Bewegung herunterfallen können, tragen zur Freude zahlreicher Babys bei. Lege dir so, dass dein Kind es sieht, einen Bauklotz auf den Kopf und bewege diesen, bis der Klotz herunterfällt. Wiederhole das Ganze mehrmals. Versuche es danach mit weichen, kleinen Bällen oder einem Kuscheltier.

Dieses Spiel klappt ebenso gut, wenn du diese und weitere ungefährliche Objekte auf den Kopf deines Kindes legst. An seiner Reaktion erkennst du, ob es damit einverstanden ist.

ERWÄHNENSWERTES:

Baby-Yoga
Beim Baby-Yoga werden Massage und sanfte Yoga-Übungen vereint. Dabei begleitest du dein Kind und führst seine Bewegungen. Gerade im Krabbelalter eignet sich diese Aktivität ideal für Babys, denn sie fördert die Motorik, den Gleichgewichtssinn und die Körperwahrnehmung.

Mittlerweile gibt es in vielen Städten Kurse, die Baby-Yoga für Papas und Mamas anbieten. Durch die Teilnahme lernst du zunächst die Übungen gemeinsam mit anderen Eltern und Babys. Anschließend können du und dein Sprössling die Übungen regelmäßig zu Hause durchführen. Als Alternative zu einem Kurs kannst du dir Baby-Yoga-Workouts im Internet ansehen und die darin gegebenen Anweisungen befolgen.

VON DEN FOLGENDEN VORTEILEN PROFITIEREN DU UND DEIN BABY DURCH DAS AUSÜBEN VON BABY-YOGA:

- Es verbessert die sensorischen Fähigkeiten deines Babys.
- Es fördert die Entspannung und mindert eventuelle Verspannungen.
- Es stärkt deinen und den Körper deines Babys.
- Es unterstützt den Aufbau von Muskeln.
- Es fördert gesunden Babyschlaf.
- Es begünstigt die Beweglichkeit deines Kindes.
- Es führt bei dir und deinem Baby zu mehr Wohlbefinden und innerer Zufriedenheit.
- Es verringert Verdauungsstörungen wie Verstopfungen, Blähungen und Koliken.
- Es stärkt die Vater-Kind-Bindung.
- Es erhöht dein Einfühlungsvermögen gegenüber deinem Kind.
- Es schult das Sprachverständnis deines Babys durch wiederholte Reime und Lieder.

TIPP!

NIMMST DU AN KURSEN WIE DIESEM TEIL, IST DIE VERSUCHUNG GROSS, DEIN KIND UND SEINE ENTWICKLUNG MIT ANDEREN KINDERN ZU VERGLEICHEN. DU SOLLTEST JEDOCH IM KOPF BEHALTEN, DASS JEDES BABY SEIN EIGENES TEMPO HAT UND SICH INDIVIDUELL ENTWICKELT.

ERWÄHNENSWERTES:

Flieger

Sobald dein Baby sein Köpfchen sicher halten kann, lässt sich die hier beschriebene Aktivität durchführen. Dafür nimmst du deinen Säugling in den Arm. Fasse mit deinen Händen unter seine Arme und hebe ihn über deinen Kopf. Das funktioniert sowohl im Sitzen als auch im Stehen.

Ist dein Baby noch sehr jung, führe die Bewegungen langsam aus. Strecke deine Arme mit Baby nach oben und bewege dein Kind anschließend wieder nach unten, in die Nähe deines Gesichts. Manche Babys halten bei dieser Übung Blickkontakt, andere schauen sich in der Umgebung um.

Je älter dein Baby ist, desto wilder kann der „Flieger" durch die Gegend fliegen. Babys ab sechs Monaten haben häufig Spaß daran, nach oben geworfen und aufgefangen zu werden. Insbesondere die ersten Male solltest du das Hochwerfen allerdings nicht übertreiben, sondern vorsichtig ausführen.

TIPP!

IST DIE REAKTION DEINES KINDES NEGATIV, VERZICHTE ZUNÄCHST AUF DAS HOCHWERFEN IN DIE LUFT UND HEBE ES NUR SANFT NACH OBEN. SOBALD DEIN BABY VERTRAUTER DAMIT IST UND MIT EINEM LÄCHELN REAGIERT, VERSUCHE ES ERNEUT.

Fühlbücher

Eine tolle Sache zum Entdecken für Babys und Kleinkinder sind Fühlbücher. Ein Fühlbuch ist ein weiches Buch, welches mit verschiedenen Materialien gefüllt ist. Es ist mit bunten Bildern versehen, die sich wortwörtlich vom Hintergrund abheben. Babys können diese Bilder und Materialien durch das Ertasten erkunden.

Diese Art von Büchern kann man kaufen. Doch sie selbst herzustellen, ist ebenfalls kein Problem. Du benötigst dafür mehrere Stoffe, Moosgummi, Filz und weitere Fühlmaterialien. Spannend für Babys ist überdies Material, welches beim Anfassen, und wenn sie es in den Mund nehmen, knistert. Glöckchen, nicht zu kleine Perlen, Fäden, Schnüre oder Seile machen das Buch zusätzlich interessanter. Auch Pailletten und Reißverschlüsse aus Kunststoff lassen sich gut erfühlen.

Obwohl dein Kind in diesem Alter noch nicht bewusst wertschätzen wird, dass du ihm ein Fühlbuch gestaltet und gebastelt hast, wird es sich gern damit beschäftigen und Freude daran haben. Ihr könnt euch das Buch gemeinsam ansehen und befühlen.

Denk dir Geschichten aus, die du deinem Nachwuchs zu den Bildern erzählst, oder erkläre ihm, was es in dem Buch zu sehen und zu fühlen gibt.

Das bloße Anfassen und Anschauen des Buches durch dein Kind fördert seine Motorik, seine Hand-Augen- sowie Hand-Mund-Koordination und seinen Tastsinn. Seine Sprachentwicklung unterstützt du mithilfe des Geschichtenerzählens.

TIPP!

FALLS DU KLEINTEILE WIE PERLEN UND PAILLETTEN IN DAS BUCH INTEGRIERST, SOLLTE DEINE PRIORITÄT SEIN, DIESE SICHER UND FEST ANZUBRINGEN. NUR SO KANNST DU SICHERSTELLEN, DASS SICH DEIN KIND NICHT AN DEN KLEINTEILEN VERSCHLUCKT. ALTERNATIV KANNST DU HOLZRINGE MIT EINEM DURCHMESSER VON ETWA 3 CM, HAARBÄNDER ODER STOFFBÄLLE VERWENDEN.

ERWÄHNENSWERTES:

FOTOECKE – PAPA UND ICH

> DIE KINDER KENNEN WEDER VERGANGENHEIT
> NOCH ZUKUNFT, UND – WAS UNS ERWACHSENEN
> KAUM PASSIEREN KANN – SIE GENIESSEN DIE G
> EGENWART.
>
> JEAN DE LA BRUYÈRE

Ein Foto, das euch zum Lachen bringt, könnte eines von eurem wilden Kopfschmuck sein. Schöne Momente wie beim Spielen mit dem Fühlbuch kannst du ebenfalls festhalten.

3.4 AKTIVITATEN AB DEM 6. MONAT

In den letzten fünf Monaten ist dein Kind schneller gewachsen, als es das jemals wieder in seinem Leben tun wird. Seine motorische und geistige Entwicklung lief auf Hochtouren. Jede seiner Bewegungen diente der Vorbereitung zur ersten Drehung und dem späteren Krabbeln. Mittlerweile hat es unzählige Informationen aufgenommen und versteht zahlreiche Wörter und Sätze. Mit jedem einzelnen Tag seines Lebens ist eure Verbindung gewachsen.

Welche Aktivitäten sich für Babys ab dem sechsten Lebensmonat eignen, erfährst du in diesem Kapitel. Doch zunächst zeigt dir die Übersicht die kommenden Entwicklungsschritte deines Babys.

DIE ENTWICKLUNG DEINES KINDES IM SECHSTEN MONAT:

- ☆ Es dreht sich vom Rücken auf den Bauch.
- ☆ Eventuell dreht es sich vom Bauch wieder auf den Rücken.
- ☆ Der erste Zahn schiebt sich langsam aus dem Zahnfleisch.
- ☆ Es greift selbstständig nach Objekten.
- ☆ Sein Sehvermögen und Körperbewusstsein nehmen zu.
- ☆ Sein Gleichgewichtssinn entwickelt sich weiter.
- ☆ Es wendet sich von Dingen ab, die es nicht mag (Geschmack, Geruch).
- ☆ Sein Interesse an der Umwelt und anderen Personen wächst.
- ☆ Es entdeckt neue Laute, die es gern wiederholt.

ERWÄHNENSWERTES:

DANACH BEGINNT DER SIEBTE LEBENSMONAT, UND DEIN KIND DURCHLÄUFT DIE FOLGENDEN PROZESSE:

- Es gewöhnt sich an Beikost.
- Sein eigener Charakter bildet sich aus.
- Es kann sich eigenständig aufsetzen und sitzen bleiben.
- Es trainiert die Nackenmuskulatur.
- Es nimmt Helligkeitsunterschiede und Farben besser wahr.
- Es nutzt neben dem Mund nun auch seine Hände zum Erkunden von Objekten.
- Es hat Spaß daran, Gegenstände fallen zu lassen oder zu werfen.
- Es beginnt, seine Liebe durch Kuscheln auszudrücken.
- Es reagiert auf seinen Namen.

Die Entwicklung von Kindern im achten Monat unterscheidet sich stark je nach Individuum. Einige krabbeln bereits, andere liegen weiterhin größtenteils, und wieder andere ziehen sich eifrig an Möbeln hoch. Es gibt überdies Babys, die nun schon ihr erstes Wort sprechen. Folgendes könnte dein Nachwuchs diesen Monat lernen:

- Es lernt, sich mithilfe einer Art des Krabbelns fortzubewegen.
- Es sitzt bereits sicher.
- Stehversuche sind je nach Entwicklungsstand möglich.
- Seine Sinneswahrnehmung wird stets trainiert und verbessert sich.
- Es drückt seine Gefühle deutlich durch Lachen oder Weinen aus.
- Es fremdelt, wenn es Menschen sieht, die es noch nicht (gut) kennt.
- Es bildet erste Silben oder Wörter.

Kniereiterspiele

Dein Kind genießt immer wildere Spiele mit dir. Es lässt sich inzwischen selbst bei schlechter Laune dadurch ablenken und wieder zum Lachen bringen. Ein bekanntes Beispiel ist das klassische Kniereiterspiel „Hoppe, hoppe, Reiter“. Dazu setzt du dein Kind, mit seinem Gesicht zu dir gerichtet, auf deine Knie und beginnst, deine Beine rhythmisch hoch- und runterzubewegen. Wie viele Eltern kennst du vielleicht nur die erste Strophe dieses Liedes. Den gesamten Text kannst du hier nachlesen:

Hoppe, hoppe, Reiter, wenn er fällt, dann schreit er.
Fällt er in den Graben, fressen ihn die Raben.
Fällt er in den Sumpf, macht der Reiter plumps!

Hoppe, hoppe, Reiter, wenn er fällt, dann schreit er.
Fällt er in die Hecken, fressen ihn die Schnecken.
Fällt er in den Sumpf, macht der Reiter plumps!

Hoppe, hoppe, Reiter, wenn er fällt, dann schreit er.
Fällt er in das grüne Gras, macht er sich die Hose nass.
Fällt er in den Sumpf, macht der Reiter plumps!

Hoppe, hoppe, Reiter, wenn er fällt, dann schreit er.
Fällt er in das Wasser, macht er sich noch nasser.
Fällt er in den Sumpf, macht der Reiter plumps!

Hoppe, hoppe, Reiter, wenn er fällt, dann schreit er.
Fällt er auf die Steine, tun ihm weh die Beine.
Fällt er in den Sumpf, macht der Reiter plumps!

Höchstwahrscheinlich gibt sich dein Baby damit zufrieden, wenn du nur eine Strophe lernst und diese wiederholst. Das Lustige an diesem Spiel ist nämlich für dein Kind das Hin- und Herwackeln sowie der Fall nach unten bei dem Wort „plumps".

ERWÄHNENSWERTES:

Babyschwimmen

Das Babyschwimmen ist eine gute Möglichkeit für Papa und Baby, aus dem Haus zu kommen, ihre Beziehung zu intensivieren und zudem der Mama Zeit für sich zu gönnen. Vielerorts werden spezielle Kurse angeboten, die meist gut besucht sind.

Innerhalb dieser Kurse werden Babys an das Wasser gewöhnt. Gemeinsam mit Papa und den anderen Eltern und Kindern wird im Wasser getanzt und gesungen. Sogar Tauchen kann Teil des Kurses sein. Außerdem lernen die Babys, nach Gegenständen im Wasser zu greifen oder auf schwimmenden Objekten zu sitzen und zu krabbeln. Je nach Angebot kann das Babyschwimmen überaus aktiv oder aber achtsam und sanft durchgeführt werden. Positiv am Babyschwimmen ist der Körperkontakt, den du und dein Kind haben werdet. Manche Babys fühlen sich durch einen solchen Kurs überfordert und weinen, andere haben großen Spaß daran. Gönnt euch eine Auszeit, falls es deinem Kind zu viel werden sollte.

INFOBOX:

ES GIBT ELTERN, DIE MÖCHTEN IHREN SÄUGLING SO FRÜH WIE MÖGLICH BEIM BABYSCHWIMMEN WISSEN. WARUM? – BABYS HABEN DIE ANGEBORENE EIGENSCHAFT, UNTER WASSER DIE LUFT ANZUHALTEN. DAS KENNEN SIE NOCH AUS DEN MONATEN IN MAMAS BAUCH. DIESEN ATEMSCHUTZREFLEX VERLERNEN SIE JEDOCH MIT VORANSCHREITENDEM ALTER. EIN ANDERER GRUND FÜR DAS FRÜHE BABYSCHWIMMEN SIND DIE UNTERWASSERFOTOS, DIE BEINAHE EIN TREND SIND. AM WICHTIGSTEN IST ALLERDINGS DAS WOHLBEFINDEN DEINES SPRÖSSLINGS. FÜR WENIGE WOCHEN ODER MONATE ALTE BABYS KANN DIE LANGE TRENNUNG VON MAMA TRAUMATISCH SEIN. AUSSERDEM BEDEUTEN DIE FAHRTEN UND DIE UNGEWOHNTE UMGEBUNG STRESS FÜR DAS KIND. ZAHLREICHE NEUE EINDRÜCKE PRASSELN AUF DAS BABY EIN, VOR DENEN ES SICH NOCH NICHT SCHÜTZEN KANN. DAHER SOLLTE EIN BABYSCHWIMMKURS NICHT VOR DEM SECHSTEN LEBENSMONAT BESUCHT WERDEN. DIE GEWÖHNUNG AN WASSER KLAPPT IN DER HEIMISCHEN BADEWANNE MIT VIEL RUHE UMSO BESSER.

ERWÄHNENSWERTES:

Gute-Nacht-Reim

Habt ihr bisher noch keinen festen Ablauf zum Zubettgehen etabliert oder möchtest du den Ablauf verändern, kannst du einen Gute-Nacht-Reim integrieren. Dieser Reim kann das Zubettgehritual einläuten oder direkt vor dem Einschlafkuscheln oder -tragen zum Einsatz kommen.

Am schönsten ist es, wenn du dir einen eigenen Reim ausdenkst. Du kannst ihn ganz individuell an eure Situation anpassen und den Namen deines Kindes einbauen. Das Aufsagen des Reims kannst du mit verschiedenen Gesten begleiten. Sowie dein Kind diesen Vers lernt, wird es sich darauf freuen und je nach Alter und Fähigkeiten die Gesten nachahmen.

TIPP!

DA DIESER REIM DAS EINSCHLAFEN FÖRDERN SOLL, SOLLTE ER MIT RUHIGER UND LANGSAMER STIMME GESPROCHEN WERDEN. DIE GESTEN SOLLTEN EBENFALLS GEMÄCHLICH DURCHGEFÜHRT WERDEN. ALLES SOLL DARAUF HINDEUTEN, DASS IHR EUCH NUN AUF EINEN ENTSPANNTEN SCHLAF VORBEREITET.

ERWÄHNENSWERTES:

Umräumaktion

Sobald dein Kind in der Lage ist, selbstständig zu sitzen, bekommt es von dieser Beschäftigung sicherlich nicht genug: einräumen, ausräumen, umsortieren. Zahlreiche Kinder lieben das und könnten es stundenlang und mit allen möglichen Gegenständen machen. Das Ausräumen ist dabei für viele der erste Schritt. Mit fortschreitendem Alter machen ihnen ebenso das Einräumen und das Sortieren Spaß.

Breite eine Decke auf dem Boden aus und setze dein Baby darauf. Wähle handliche, ungefährliche Alltagsgegenstände aus, die du in einer Kiste oder einem Eimer verstaust. Anschließend reichst du deinem Sprössling den gefüllten Behälter. Gut zum Ausräumen eignen sich verschieden große Schraubdeckel. Sie machen spannende Geräusche und haben zudem unterschiedliche Farben.

Interessant für dein Kind kann außerdem eine niedrige Schublade voll mit Behältern wie Brotdosen sein. Lass sie von deinem Kind ausräumen. Wenn du sie danach wieder einräumst, bringst du deinem Kleinen zugleich Ordnung bei und verlängerst den Spaß an dieser Beschäftigung.

INFOBOX:

BEGINNT DEIN BABY, OBJEKTE AUS KISTEN, SCHUBLADEN ODER TASCHEN ZU RÄUMEN, HAT ES VIEL IN BEZUG AUF DIE DRITTE DIMENSION (TIEFE) GELERNT. ES WEISS NUN, DASS SICH GEGENSTÄNDE IN ANDEREN GEGENSTÄNDEN VERSTECKEN KÖNNEN. ZUVOR ERKANNTE ES EINEN TRANSPARENTEN BEHÄLTER MIT BUNTEN OBJEKTEN DARIN LEDIGLICH ALS FARBIGEN BEHÄLTER. JETZT VERSTEHT ES, DASS SICH DIE BUNTEN DINGE IN DEM BEHÄLTNIS BEFINDEN.

Wasserspiele

Dein Kind ist mittlerweile in einem Alter, in dem Wasser und alles, was damit zu tun hat, ihm besonders interessant erscheint. Dieses Interesse kannst du dir zunutze machen und durch gemeinsame Wasserspiele die Beziehung zu deinem Kind weiter ausbauen.

Für jüngere Babys kannst du einen Becher mit Wasser füllen. Teile deinem Kind mit, dass es das Wasser anfassen und damit spielen darf. Du führst seine Hand in das Glas, sodass es das Wasser erfühlen kann.

Ältere Kinder spielen intensiver und aktiver mit Wasser. Stelle deinem Baby diverse Gefäße bereit und lass es zum Beispiel das Wasser aus einem Gefäß in ein anderes füllen. Freude bereitet ihm ebenso das Erkunden von Gefäßen mit Löchern wie einem Sieb.

TIPP!

DAS KIND SOLLTE UNEINGESCHRÄNKT MIT DEM WASSER SPIELEN DÜRFEN, WESWEGEN DU ZUVOR EINE PASSENDE SPIELUMGEBUNG SCHAFFEN SOLLTEST. ENTWEDER WIRD IN DER BADEWANNE BEZIEHUNGSWEISE IN EINEM RAUM MIT FLIESEN GESPIELT ODER AUF DEM BALKON/GARTEN. ES IST EBENFALLS MÖGLICH, DIE BEHÄLTER AUF EIN TABLETT ZU STELLEN. GEHT ETWAS VON DEM WASSER DANEBEN, WIRD ES DAVON AUFGEFANGEN. AUCH DAS AUSLEGEN DES BODENS MIT HANDTÜCHERN IST DENKBAR.

Fingerfarben

Besorge ungiftige Fingerfarben oder stelle eigene Fingerfarben her (siehe Kapitel „Aktivitäten ab der Geburt“: „Hand- und Fußabdrücke deines Babys“). Bereite einen Ort vor, an dem dein Kind mit den Farben spielen und experimentieren darf. Ein Laken auf dem Boden oder ein großes Stück Pappe eignen sich für kleine Kinder optimal zum Bemalen.

Gemeinsam könnt ihr die Farben mischen und herausfinden, aus welchen Kombinationen welche neue Farbe entsteht. Es darf mit den Fingern, aber genauso mit Pinseln gemalt werden. Wenn es für dich in Ordnung ist, darf dein Baby seine Füße oder andere Körperteile anmalen. Den Papa anzumalen, macht ihm sicherlich ebenfalls riesigen Spaß. Für ein Lachen und eine gestärkte Bindung ist es das wert. Außerdem könnt ihr nach dem Malspaß ein gemeinsames Bad nehmen, um die Farbe wieder abzuwaschen.

TIPP!

ZIEHE DEINEM KLEINEN ALTE KLEIDUNG AN, DIE RUHIG DRECKIG WERDEN DARF. BESTENFALLS SITZT ES NUR IN EINER WINDEL DA. AUCH DIE NÄHERE UMGEBUNG SOLLTE VOR DEM MALEN VORBEREITET WERDEN, SODASS WÄNDE, TEPPICHE UND SPIELZEUGE SOWIE ANDERE GEGENSTÄNDE NICHT MIT FARBE BESCHMIERT WERDEN KÖNNEN.

ERWÄHNENSWERTES:

FOTOECKE – PAPA UND ICH

> ER ÜBERNAHM DIE ROLLE DES VATERS, DAMIT SEIN KIND ETWAS MYTHISCHES UND UNENDLICH WICHTIGES HABEN KONNTE: EINEN BESCHÜTZER.
>
> TOM WOLFE

Suche die schönsten Fotos der zuletzt beschriebenen Aktivitäten heraus und klebe sie hier ein. Das trendige Unterwasserfoto oder eure mit Fingerfarben kreierten Kunstwerke dürfen nicht fehlen.

Wo ist …?

Derweil verfügt dein Kind, selbst wenn es noch nicht spricht, über einen großen Wortschatz, und dieser erweitert sich täglich. Daher ist es essenziell, bereits im frühen Alter viel mit den Kindern zu sprechen und ihnen alles Mögliche zu erklären. Dein Baby wird durch stetige Wiederholung lernen, den Zusammenhang von Wort und Objekt oder Handlung zu verstehen.

Wenn es schon mit dem Finger oder der Hand auf Dinge zeigen kann, ist diese Aktivität etwas für euch. Du kannst den Wortschatz deines Kindes überprüfen und trainieren, indem du ihm Fragen nach verschiedenen Objekten stellst. Das funktioniert immer und überall – in der Wohnung, auf dem Spielplatz oder beim Stöbern in Bilderbüchern: „Wo ist der Hund?“, „Siehst du das Auto?“ und „Wo spielen die Kinder?“.

Beim ersten Mal stellst du das Spiel vor, sodass dein Baby versteht, was es tun soll. Stelle eine Wo-Frage und antworte, kombiniert mit einer Fingergeste, „Da ist …“. Wiederhole diese Übung und bedeute deinem Kind, dir beim Suchen zu helfen. Frage nach weiteren Personen, Tieren oder Objekten. Gib deinem Kind ausreichend Zeit, um die gesuchten Objekte zu entdecken.

Zeigt es jedoch nicht auf ein Objekt und sieht dich mit großen Augen an, kann es mehrere Gründe dafür geben:

1. Es versteht nicht, was es suchen soll.
2. Es findet das Gesuchte nicht.
3. Es hat keine Lust mehr auf das Spiel.

Deine Reaktion sollte ein kurzes Zeigen auf das Gesuchte und eine erneute Nennung des Begriffs sein. Um herauszufinden, ob dein Kind nicht mehr spielen möchte, achte auf seine Reaktion beim Suchen des nächsten Objekts.

TIPP!

MITHILFE VON BILDERBÜCHERN ODER WIMMELBILDERN KANN MAN DIESE ÜBUNG BESONDERS GUT DURCHFÜHREN. DIE OBJEKTE KÖNNEN DANN NICHT WEGLAUFEN ODER -FAHREN. EIN WEITERER VORTEIL IST, DASS MAN SEITE FÜR SEITE ZAHLREICHE NEUE WÖRTER LERNEN KANN. BALD KENNT DEIN KLEINES DAS BUCH BEREITS UND FREUT SICH, WENN ES DIE GESUCHTEN DINGE SCHNELL WIEDERFINDET.

ERWÄHNENSWERTES:

Basteln mit Kartons

Kann sich dein Kind mittels Robben oder Krabbeln fortbewegen, sind insbesondere große Kartons ein Hit. Es macht nicht nur Spaß, darin zu sitzen, sich unter ihnen zu verstecken oder darin durch die Wohnung gezogen zu werden. Du kannst sie darüber hinaus für dein Baby problemlos in Häuser, Raketen oder Rennautos verwandeln.

Möglicherweise hast du mehrere Kartons zu Hause, die du miteinander verbinden kannst. So entsteht beispielsweise ein Schloss oder ein Tunnel. Schneide Türen und Fenster in die Kartons und male sie entsprechend an. Beim Anmalen möchte dir dein Baby bestimmt gern helfen. Beim Rennauto darfst du auf ein Lenkrad natürlich nicht verzichten. Dieses lässt sich sehr simpel aus einem Pappteller und einem Stock basteln.

Im Rahmen dieses Projektes kannst du dich kreativ auslassen und deinem Kind eine bunte Spielwelt aus großen und kleinen Kartons kreieren. Das gemeinsame Spielen und Verstecken darin sind eine schöne Belohnung für die Mühe, die du dir gegeben hast.

ERWÄHNENSWERTES:

Körperteile kennenlernen

Mit dem Sprachverständnis geht das Verstehen von Verhaltensweisen, Handlungen und Aktionen einher. Ein Baby, das lernt, was ein Hund ist, nimmt sowohl dessen Aussehen als auch dessen verschiedene Eigenschaften und sein Verhalten wahr. Ähnlich ist es mit Autos oder einer Trinkflasche: Es lernt zu verstehen, was Objekte machen und wofür sie gedacht sind.

Möchtest du das Körperbewusstsein deines Babys fördern, damit es auch seinen eigenen Körper besser begreift, kannst du dies auf spielerische Weise tun. Benenne verschiedene Körperteile, erkläre deren Funktionen und Eigenschaften oder zeige sie deinem Kleinen.

Zeige zum Beispiel auf deine und seine Beine. Sprich die Bezeichnung deutlich und langsam aus. Führe aus, was man mit den Beinen alles machen kann: „Mit den Beinen kann ich gehen. Ich kann laufen und springen." Die Worte „gehen", „laufen" und „springen" kannst du mit den entsprechenden Aktionen unterstreichen. Die gleichen Aktionen kannst du danach dein Kind ausführen lassen. Nimm es dafür in deine Arme und lass es mit seinen Beinen gehen, laufen und springen.

Ein anderes Spiel zum Kennenlernen der Körperteile ist das Verstecken einzelner Körperteile unter Tüchern. Ist ein Körperteil verdeckt, kannst du deinen Nachwuchs fragen, wo er sich versteckt hat.

Kuschelecke

Ob dein Kind gern kuschelt oder nicht – eine gemütlich hergerichtete Ecke wird es sicher lieben. Wähle einen Bereich im Kinder-, Schlaf- oder Wohnzimmer aus und bedecke den Boden mit Kissen und Decken. Noch kuscheliger wird es, wenn der Bereich nach oben hin abgegrenzt ist. Dafür eignen sich zum Beispiel Decken, die du an der Wand befestigst. Auch ein kleines Zelt kann als Begrenzung herhalten. Eine Lichterkette sorgt für eine ausreichende und sehr gemütliche Beleuchtung.

In der Kuschelhöhle kann sich dein Baby von nun an ausruhen, wenn ihm danach ist. Aber auch das Toben mit Papa und das gemeinsame Anschauen von Bilderbüchern sind hier besonders schön. Die Kuschelecke ist überdies ein bequemer Ort für einen längeren Mittagsschlaf. Und vielleicht wird so aus einem Kind, welches bisher mit wenigen Kuscheleinheiten ausgekommen ist, doch noch ein richtiges Kuschelmonster.

Spiegelbild

Etwa im siebten oder achten Monat beginnen Babys, sich für ihr eigenes Spiegelbild zu interessieren. Wo sie sich zuvor noch gefürchtet oder aber keinerlei Interesse gezeigt haben, herrscht indessen Neugierde. Sie betrachten sich und ihre Bewegungen. Allerdings erkennen sie dabei nicht, dass es sich um ihr eigenes Spiegelbild handelt. Sehr wahrscheinlich denken sie, sie hätten ein anderes Kind vor sich.

Nimm deinen Säugling auf den Arm und gehe mit ihm zu einem Spiegel. Stelle dich davor und beobachte die Reaktion deines Kindes. Ist sie positiv, kannst du stehenbleiben und schauen, wie sich dein Baby weiter verhält. Eventuell lächelt es sich an oder beginnt, zu seinem Spiegelbild zu brabbeln. Möglicherweise findet es dein Spiegelbild spannender als sein eigenes.

Alternativ kannst du an der Wand einen Spiegel in der Höhe deines Babys aufhängen oder ihm einen kleinen Spiegel zum Spielen und Entdecken auf den Boden legen. Achte darauf, dass es den Spiegel nicht hochnimmt und er durch Werfen oder Fallenlassen beschädigt wird.

INFOBOX:

JE NACH ENTWICKLUNG DES GEHIRNS ERKENNEN KINDER IM ALTER AB 18 MONATEN ERSTMALS IHR EIGENES SPIEGELBILD. SIE BEGREIFEN, DASS SIE SICH SELBST SEHEN, DENNOCH DAUERT ES NOCH WEITERE MONATE, BIS SIE VERSTEHEN, DASS ES SICH LEDIGLICH UM EIN ABBILD IHRES SELBST HANDELT.

ERWÄHNENSWERTES:

Bilderbücher

Ab der Geburt entwickeln sich allmählich die kognitiven Fähigkeiten von Kindern. Ab dem sechsten Monat kannst du diese gezielt trainieren. Du und dein Kind könnt euch unter anderem zusammen Bilderbücher ansehen. Zwar hat dein Baby noch kein großes Aufmerksamkeitsvermögen, aber die gemeinsame Beschäftigung mit Büchern oder Spielzeugen kann die Konzentration von Säuglingen und Kleinkindern fördern. Für Kinder in diesem Alter eignen sich Bilderbücher ohne oder mit wenig Text am besten.

Zeigt dein Kind Interesse an einem der abgebildeten Objekte, erzähle ihm etwas darüber. Erfinde eine passende Geschichte oder setze die Personen und Objekte auf den Bildern in einen Zusammenhang. Besonders viele einzelne Szenen gibt es in Wimmelbüchern zu sehen. Dort könnt ihr immer wieder Neues entdecken.

Das Anschauen von Bilderbüchern unterstützt nicht nur die Entwicklung des Aufmerksamkeitsvermögens, es fördert ebenso den Wortschatz und das Verständnis von Abläufen.

INFOBOX:

ES GIBT LEIDER DINGE, DIE KINDER DARAN HINDERN KÖNNEN, IHRE KONZENTRATIONSFÄHIGKEIT ZU VERBESSERN. DAS SIND UNTER ANDEREM DIESE:

- ungesunde Ernährung, viel Zucker, ungenügend Flüssigkeit
- wenig Bewegung und frische Luft
- hoher Medienkonsum (Smartphone, Tablet, TV)
- Schlafmangel
- hohe Erwartungen und Druck seitens der Bezugspersonen
- Unter- sowie Überforderung
- emotionale Belastungen
- ständige Unterbrechungen im freien Spiel

Essen entdecken

Sobald dein Kind krabbeln und eigenständig sitzen kann, könnt ihr anfangen, ihm feste Nahrung anzubieten. Neben der klassischen Beikost in Form von Brei kann man ebenso das Baby Led Weaning, kurz: BLW, ausprobieren. Dabei wird die Beikosteinführung vom Baby gesteuert und findet ohne Brei statt.

Lass dein Kind diverse Lebensmittel entdecken, jedoch nicht mehr als drei zur gleichen Zeit. Es soll sich weder über- noch unterfordert fühlen. Schneide Früchte, Brot oder Gemüse in handliche Stücke und reiche sie deinem Kleinen. Es darf daran lutschen und damit matschen. Dir sollte bei dieser Aktivität klar sein, dass das Hauptziel nicht das Essen der Lebensmittel, sondern deren Kennenlernen und Erkunden ist. Dein Baby lernt neue Geschmäcke, Gerüche und Konsistenzen kennen, was sehr aufregend sein kann. Das bedeutet, es gibt viele neue Eindrücke, die es zu verarbeiten hat.

Lass dein Kind nicht unbeaufsichtigt mit der Nahrung spielen. Es hat zwar einen angeborenen Zungenstoß- sowie Würgereflex, sodass das Risiko, sich zu verschlucken oder zu ersticken, gering ist, aber sicher ist sicher.

ERWÄHNENSWERTES:

INFOBOX:

DAS EUROPÄISCHE INSTITUT FÜR STILLEN UND LAKTATION SOWIE DIE WHO EMPFEHLEN, BABYS IN DEN ERSTEN SECHS LEBENSMONATEN AUSSCHLIESSLICH MIT MUTTERMILCH ZU VERSORGEN, WENN MÖGLICH. DANACH SOLLTE DAS STILLEN MINDESTENS BIS ZUM ERSTEN LEBENSJAHR FORTGEFÜHRT WERDEN, DA DIE MUTTERMILCH BIS ZUM ERSTEN GEBURTSTAG WEITERHIN DIE HAUPTNÄHRSTOFFQUELLE SEIN SOLLTE. DAS ESSEN VOR DEM ERSTEN GEBURTSTAG KANN EHER ALS SPASS ANGESEHEN WERDEN, WESWEGEN DU UND DEINE PARTNERIN SICH NICHT SORGEN SOLLTEN, WENN EUER KIND NOCH NICHT (VIEL) ESSEN MÖCHTE. DIE MILCH DER MUTTER PASST SICH STETS AN DIE BEDÜRFNISSE DES KINDES AN, WESHALB SIE DEINEN NACHWUCHS BESTENS MIT ALLEM VERSORGT, WAS ER BENÖTIGT.

Krafttraining

Sobald dein Kind in der Lage ist, Objekte gezielt zu greifen und festzuhalten, kannst du mit der hier vorgestellten Aktivität beginnen. Die Übung ähnelt dem klassischen Tauziehen, da hier ein Tuch zum Einsatz kommt. Du kannst sie jedoch ebenso gut mit anderen Spielzeugen und Gegenständen ausüben.

Nimm ein geeignetes Objekt zur Hand und lass dein Baby daran ziehen. Zieht dann beide daran, bis entweder du oder dein Kind den Gegenstand loslässt. Damit dieses Freude an dieser Beschäftigung hat, musst du es natürlich ab und an gewinnen lassen. Lustige Gesichter und Geräusche verdoppeln den Spaß dieses Krafttrainings.

Die Übung bringt euch nicht nur zum Lachen und fördert dadurch eine gute Beziehung. Sie trägt ebenfalls zum Training der Grobmotorik bei.

FOTOECKE – PAPA UND ICH

> **MAN DARF NICHT VERLERNEN, DIE WELT MIT DEN AUGEN EINES KINDES ZU SEHEN.**
>
> HENRI MATISSE

Sicherlich sind schöne und lustige Fotos von gematschtem Essen, von euch in der Kuschelecke und/oder von euren Kartonkunstwerken entstanden. Diese und andere gehören hier unbedingt hinein.

Gemeinsam musizieren

Es trainiert nicht nur die Motorik und das Rhythmusgefühl, sondern macht auch großen Spaß: das Musizieren mit Papa! Nehmt euch Pfannen, Töpfe und Deckel zur Hand. Kochlöffel, unterschiedliche Behältnisse sowie Deckel von Schraubgläsern machen ebenfalls tolle Geräusche. Und schon beginnt das Papa-Kind-Konzert. Natürlich klappt das ebenso mit echten Instrumenten, wenn diese vorhanden sind.

Ihr könnt dabei richtig abrocken oder auf Wunsch ruhigere Lieder anstimmen. Durch die Abwechslung zwischen Schnell und Langsam wie auch Laut und Leise trainiert dein Kind seine Koordination. Es muss sich anstrengen, nicht zu schnell oder zu langsam, sondern im Takt zu musizieren. Lustig ist zudem das langsame und leise Einsteigen in ein Lied, um in der Folge immer lauter und schneller zu werden.

TIPP!

WENN IHR NACHBARN HABT, DIE SCHNELL GENERVT SIND, SOLLTET IHR DAS KONZERT LIEBER NACH DRAUSSEN AUF DEN SPIELPLATZ ODER IN DEN PARK VERLAGERN ODER ABER AUF EINE ZEIT LEGEN, IN DER DIE NACHBARN NICHT ZU HAUSE SIND. ALTERNATIV WERDEN IN VIELEN STÄDTEN ÖFFENTLICHE MUSIKTREFFS FÜR ELTERN UND BABYS ANGEBOTEN. VIELLEICHT WÄRE DAS ETWAS FÜR EUCH.

ERWÄHNENSWERTES:

Mundgeräusche

Beliebt bei vielen Babys und Kleinkindern ist das Produzieren von Geräuschen mit dem Mund – aber nicht das alltägliche „Dadada“ oder „Mamama“. Nein, für die erwünschten Geräusche benötigt dein Säugling deine Hilfe!

Zunächst kannst du deinem Kind vormachen, wie diese Übungen funktionieren:

1. Mach mit deinem Mund verschiedene Laute, während du sanft immer wieder mit deinen Fingerspitzen auf deinen Mund schlägst. Noch lustiger hört sich das Ganze an, wenn du mit deiner Stimme die Tonleiter hoch- und runtergehst oder versuchst, Sätze zu formen.

2. Summe vor dich hin, erzähle etwas oder gib unterschiedliche Laute von dir. Währenddessen legst du einen Finger auf deine Lippen und ziehst mit seiner Hilfe deine Lippen nach unten. Wenn du dies schnell wiederholst, entstehen einzigartige Geräusche, die dein Kind ganz sicher zum Lachen bringen werden.

Im nächsten Schritt bedeutest du deinem Baby, dass es jetzt selbst an der Reihe ist. Wenn es die gewünschten Laute macht, verändere sie, indem du entweder mit deinem Finger über seine Lippen ziehst oder vorsichtig und schnell mit deinen Fingerspitzen auf seinen Mund tippst.

ERWÄHNENSWERTES:

Gemeinsame Ausflüge

Neben öffentlichen Musiktreffs und verschiedenartigen Kursen wie das Babyschwimmen oder Baby-Yoga, die du mit deinem Kind besuchen kannst, könnt ihr noch weitere Ausflüge unternehmen, um eure Bindung zu vertiefen. Das wird bestimmt auch die Mami freuen, die sich in dieser Zeit entspannen darf oder etwas Schlaf nachholen kann (du solltest ihr jedoch davon abraten, diese Zeit für den Haushalt zu nutzen, um wirklich abschalten zu können).

Interessant für Kinder ab dem sechsten Lebensmonat können regelmäßige Besuche in der Krabbelgruppe sein. Dort sieht dein Baby Kinder in einem ähnlichen Alter, und du kannst dich mit den anderen Eltern über den Alltag mit Kind austauschen. Daraus können sich sowohl für dich als auch für deinen Kleinen schöne Freundschaften entwickeln. In einer Krabbelgruppe werden zum Beispiel Lieder gesungen und mit Gesten begleitet. Ihr lernt Finger- und Bewegungsspiele kennen. Eine solche Gruppe wird beispielsweise von Gemeinden, Kirchen, Kindergärten oder Hebammenpraxen organisiert.

Ein benachbarter Bauernhof oder ein Wildgatter – beides sind spannende Orte für Babys. Immerhin gibt es dort viele Tiere wie Kühe und Hühner sowie Maschinen, beispielsweise Traktoren, zu sehen.

Ein Ausflug der anderen Art ist ein Museumsbesuch. Die ruhige Atmosphäre tut euch sicher gut und kann deinen Nachwuchs überdies entspannen. Dank der Ruhe kann er sich optimal auf die zahlreichen bunten Bilder konzentrieren.

Turmbau

Endlich ist das Alter gekommen, in dem man etwas mit den Kleinen bauen kann. Somit kommt ihr beide – Baby und du als Papa – auf eure Kosten. Freude bereitet vielen das Bauen von Türmen. Du kannst Türme mit Dosen, Bauklötzen, Legosteinen oder anderen Objekten bauen. Zwar wird dein Kind in diesem Alter noch nichts mit Lego konstruieren können, aber Bauklötze bereiten ihm wahrscheinlich keine Probleme.

Setzt euch also gemeinsam in eine freie Ecke und fangt an, Klötze aufeinanderzustapeln. Dabei kann dein Baby nun auch schon mithelfen. Hat es bald keine Lust mehr? – Vollkommen in Ordnung: Du kannst die Türme weiterbauen, bis es sie auf dein Kommando hin umwerfen darf.

TIPP!

ES GIBT GROSSE, WEICHE BAUKLÖTZE ZU KAUFEN, WOMIT DAS TURMBAUEN UND -UMWERFEN NOCH MEHR SPASS MACHT UND UNGEFÄHRLICHER IST. DAS EIGENSTÄNDIGE BAUEN MIT DIESEN KLÖTZEN GESTALTET SICH ALLERDINGS FÜR KLEINERE KINDER ALS SCHWER UND KANN SOMIT FRUSTRIEREND SEIN. EIGENE TÜRME WIRD ES MIT DEN GROSSEN KLÖTZEN ERST AB DEM LAUFALTER ERSCHAFFEN KÖNNEN, WESWEGEN ES BIS DAHIN DEINE UNTERSTÜTZUNG BRAUCHT.

Fühlboxen

Um deinem Kind Abwechslung zu bieten und es an verschiedene Materialien heranzuführen, kannst du ihm sogenannte Sensorikspiele anbieten. Dabei darfst du wieder kreativ werden, denn diese Spiele können auf mehrere Arten aufgebaut sein.

Ein unkompliziertes Beispiel ist das Füllen von Boxen mit unterschiedlichen Materialien wie Wolle, Steinen, Sand, Nüssen oder nicht aufgeblasenen Luftballons. Anstatt eines geschlossenen Deckels sollten die Boxen ein Loch zum Hineingreifen haben. Dennoch sollte dein Kind nicht in die Box hineinschauen können. Erst wird gefühlt, danach darf nachgeschaut werden, was sich in der Box befindet.

TIPP!

WENN DIE BOXEN ALLE GLEICH AUSSEHEN, KÖNNT IHR DARAUS EINE ART MEMORYSPIEL MACHEN. DAFÜR SOLLTEN STETS JE ZWEI BOXENMIT DEM GLEICHEN INHALT GEFÜLLT SEIN, DIE IHR WÄHREND DES SPIELS FINDEN MÜSST.

ERWÄHNENSWERTES:

Babyzeichensprache

Manchmal kann es schwierig sein, sein Kind zu verstehen – insbesondere, wenn es sich noch nicht mit Worten ausdrücken kann. Ganz ohne Stress oder Druck kannst du die Babyzeichensprache für wichtige Bedürfnisse wie Hunger, Durst oder Schlaf einführen. Dies kann dir helfen, mit deinem Kind zu kommunizieren und mögliche Frustrationen zu verringern.

Bei den Zeichen handelt es sich um simple Gesten, die Kinder bereits ab etwa sechs Monaten ausführen können. Die Babyzeichensprache kann man in Kursen, Büchern oder Apps lernen, um sie anschließend seinen Kindern beizubringen.

Innerhalb weniger Wochen verstehen Babys, was die Zeichen bedeuten, wenn diese häufig in Verbindung mit der jeweiligen Aktion wiederholt werden. Außerdem solltest du stets das dazugehörige Wort nennen, damit dein Kind dieses ebenfalls lernt. Durch diese Art der Kommunikation merkt dein Kleines, wie es sich verständigen kann und dass auf seine ausgedrückten Bedürfnisse reagiert wird. Deshalb fängt es eventuell sogar früher an zu sprechen.

INFOBOX:

LAUT EINER STUDIE DER UNIVERSITY OF CHICAGO HABEN KINDER, DEREN ELTERN EINE GROSSE AUSWAHL AN BEGRIFFEN MIT GESTEN VERBINDEN, EINEN GRÖSSEREN WORTSCHATZ ALS KINDER MIT ELTERN, DIE KEINE BEZIEHUNGSWEISE WENIGE ZEICHEN VERWENDEN.

Beim Wickeln oder beim Kuscheln kannst du dein Kind mittels verschiedener Fingerspiele unterhalten. Sie fördern sein Sprachverständnis, schaffen gemeinsame Momente im Hier und Jetzt und bringen deinen Schatz zum Lachen. Du kannst dir dafür nach Bedarf Fingerpuppen aufsetzen. Drei Beispiele findest du hier:

1. Das ist der Daumen, der schüttelt die Pflaumen, der hebt sie auf, der trägt sie nach Haus und der Kleinste, der isst sie alle auf.

Anleitung:
Zeige jeweils auf den Daumen, Zeigefinger, Mittelfinger und Ringfinger. Zum Schluss tippst du den kleinen Finger an, wackelst damit und kitzelst dein Kind am Bauch.

2. Kommt ein Mann die Treppe rauf. Klingelingeling. Klopf, klopf, klopf. Guten Tag, Herr Nasemann.

Anleitung:
Krabble mit den Fingern einer Hand am Arm des Babys hoch. Klingle durch das leichte Ziehen an seinem Ohrläppchen. Klopf an der Stirn an und ziehe dann vorsichtig an der Nase deines Babys.

3. Fünf Freunde sitzen dicht an dicht,
sie wärmen sich, sie frieren nicht.
Der Erste sagt: Ich muss jetzt geh'n.

Der Zweite sagt: Auf Wiederseh‘n.
Der Dritte, der verlässt das Haus.
Der Vierte geht zur Türe raus.
Der Fünfte ruft: Hey ihr, ich frier’.
Da wärmen ihn die anderen vier.

Anleitung:
Balle eine Hand zur Faust. Öffne diese daraufhin Finger für Finger, beim kleinen Finger angefangen. Zum Schluss legen sich alle vier Finger wieder um den Daumen, um ihn zu wärmen.

ERWÄHNENSWERTES:

FOTOECKE – PAPA UND ICH

> EIN KIND IST EIN BUCH, AUS DEM WIR LESEN UND IN DAS WIR SCHREIBEN SOLLEN.
>
> PETER ROSEGGER

Euren höchsten Turm dürft ihr hier mithilfe eines Fotos festhalten. Aber auch schöne Momente der gemeinsamen Ausflüge finden auf diesen Seiten ihren Platz.

3.5 AKTIVITATEN AB DEM 9. MONAT

Je älter ein Kind ist, desto einzigartiger ist seine Entwicklung. Es bringt nichts außer unnötigen Druck, wenn man seine Kinder mit anderen vergleicht. Es gibt Babys, die bereits ein paar Worte im neunten Monat sprechen, andere erst mit eineinhalb Jahren. Ebenso ist das mit dem Laufen und vielen anderen Entwicklungsschritten. Auch das nächtliche Durchschlafen oder das Alleinschlafen gehören dazu. Mach dir also keine Sorgen, wenn es scheint, als ob andere Babys bereits weiter entwickelt sind als deins. Es kann sein, dass dein Kind in den nächsten Wachstumsschüben aufholt oder ein anderer Prozess derzeit Priorität hat. Eines ist sicher: Dein Nachwuchs lernt ständig dazu, denn das ist seine Natur.

Informationen, die man zur kindlichen Entwicklung findet, beziehen sich entsprechend auf den Durchschnitt der Kinder. Spätzünder oder Frühstarter gibt es immer. Nachfolgend erfährst du, welche Schritte ein Kind durchschnittlich in den nächsten Monaten bis zum ersten Geburtstag durchläuft.

AB DEM NEUNTEN MONAT WIRD DEIN KIND NOCH AKTIVER. SEIN WACHSTUM VERLANGSAMT SICH. WAS SICH NOCH ÄNDERT UND WAS ES LERNT, SIEHST DU HIER:

- ☆ Seine Gesichtszüge werden schlanker.
- ☆ Es wächst langsamer als vorher.
- ☆ Es wird mobiler.
- ☆ Es kann sich eigenständig aufsetzen.
- ☆ Seine Körperwahrnehmung und sein Gleichgewicht werden geschult.
- ☆ Objekte werden durch das Ertasten und Beobachten begriffen.
- ☆ Die Feinmotorik rückt in den Fokus.

IM ZEHNTEN MONAT ENTWICKELT DEIN KIND SEINE PERSÖNLICHKEIT WEITER UND LERNT VIEL NEUES DAZU. DARUNTER FALLEN DIE FOLGENDEN DINGE:

- ☆ Es beginnt, sich an Möbelstücken hochzuziehen.
- ☆ Es erweitert seinen Bewegungsradius durch Robben, Krabbeln, Drehen oder Sitzen.
- ☆ Durch die vermehrte Mobilität ist seine Koordination stark verbessert.
- ☆ Es drückt seinen Willen (lautstark) aus.
- ☆ Es versteht, dass Dinge und Personen weiterhin existieren, auch wenn sie gerade nicht zu sehen sind.
- ☆ Es kann Gegenstände mit Daumen und Zeigefinger im Pinzettengriff greifen.

DAS TUT SICH BEI DEINEM KIND IM ELFTEN LEBENSMONAT:

- ☆ Es wird selbstständiger und kann dadurch zugleich anhänglicher werden.
- ☆ Es stellt sich auf seine Füße, um an hoch liegende Objekte zu gelangen.
- ☆ Es hat bereits eigene Vorstellungen und beginnt eventuell zu trotzen.
- ☆ Es kann eigenständig essen und aus einem Becher trinken.
- ☆ Dank der neuen motorischen Fähigkeiten verändert sich die Perspektive des Kindes und verschafft ihm neue Eindrücke.
- ☆ Es imitiert die Handlungen der Eltern.

DER ZWÖLFTE MONAT LÄUTET DAS ENDE DES ERSTEN LEBENSJAHRES EIN. AB SEINEM ERSTEN GEBURTSTAG ZÄHLT DEIN BABY OFFIZIELL ALS KLEINKIND.

FOLGENDES PASSIERT DURCHSCHNITTLICH IM ZWÖLFTEN LEBENSMONAT:

- ☆ Dein Baby kann nun sicher stehen.
- ☆ Das Laufen wird durch die ersten Schritte eingeleitet.
- ☆ Es spricht möglicherweise bereits die ersten Wörter.
- ☆ Es drückt Wünsche mittels Mimik, Gestik und seiner eigenen Sprache aus.
- ☆ Es lernt, Stufen und Erhöhungen zu erklimmen.
- ☆ Es kann zahlreiche Gerüche und Geschmäcker von Lebensmitteln, die es kennt, nun klar voneinander unterscheiden.

Dein Kind ist in einem Alter, in dem es aktiver wird und du zahlreiche Dinge mit ihm unternehmen kannst. Es hat starkes Vertrauen zu dir aufgebaut und weiß, dass du ebenso für es da bist wie die Mutter. Trotzdem kann es sein, dass das Baby sich stets zuerst an die Mama wendet, wenn es etwas haben möchte. Es ist normal, dass Kinder eine Reihenfolge festlegen, um ihr Überleben zu gewährleisten. In Momenten, in denen sie Hilfe brauchen, muss es schnell gehen. Da kann es sein, dass Papa erst nach Mama gerufen wird. Dennoch bist du einer der wichtigsten Menschen im Leben deines Kindes.

Im Folgenden werden dir zahlreiche Aktivitäten vorgestellt, die du mit deinem Kind ab dem neunten Lebensmonat ausführen kannst, um seine Entwicklung zu fördern und eure Beziehung zu stärken.

Fahrradtour

Ist dein Kind bereits gut darin, eigenständig zu sitzen, könnt ihr bei gutem Wetter einen gemeinsamen Ausflug in die Natur oder die Stadt machen. Nun kann dein Schatz nämlich problemlos in einem Fahrradsitz für Babys sitzen. Achte darauf, dein Kind dem Wetter entsprechend anzuziehen und vergiss nicht den Fahrtwind. Eine Mütze schützt Ohren und Kopf davor.

Vor dem Ausflug solltest du Wechselkleidung, wenn nötig Windeln, eine Decke, Speisen und Getränke vorbereiten, die du in einer Tasche oder einem Rucksack mitnimmst. Speziell unterwegs kommen Snacks bei Babys gut an, und dein Kind wird sicher Hunger bekommen.

Auf der Fahrt gibt es vieles zu entdecken. Während der Radtour kannst du zeigen und erklären, was ihr gerade wo seht. Kleine Pausen an spannenden Orten wie Baustellen oder bei Tieren sind zu empfehlen. Das gibt deinem Kind die Chance, sich alles in Ruhe anzusehen. Auch zum Essen und Trinken ist eine Pause optimal.

INFOBOX:

ES GIBT UNTERSCHIEDLICHE ARTEN VON BABY-FAHRRADSITZEN, DARUNTER DEN VORDERRADSITZ UND DEN HECKTRÄGER. SIE SIND BESONDERS GUT FÜR JÜNGERE KINDER GEEIGNET. INSBESONDERE BEIM VORDERRADSITZ BEFINDET SICH DEIN KIND GANZ IN DEINER NÄHE, SODASS DU ES MÜHELOS BEIM FAHREN BERUHIGEN KANNST, FALLS NOTWENDIG. INFORMIERE DICH VOR DEM KAUF ÜBER DIE VORTEILE DER VERSCHIEDENEN TYPEN UND MODELLE.

ERWÄHNENSWERTES:

Kreidebilder

Lebt ihr in der Nähe einer verkehrsberuhigten Zone oder habt ihr eine große Terrasse, dann sind Kreidebilder eine schöne Möglichkeit, dich mit deinem Kind kreativ zu beschäftigen und zugleich eure Bindung zu vertiefen. Kreidebilder funktionieren natürlich ebenfalls innerhalb der eigenen vier Wände auf einer Tafel, aber es macht oftmals mehr Spaß, wenn man sich auf einem großen Bereich auslassen kann. Außerdem tut die frische Luft euch gut.

Besorge Kreide und geht bei trockenem Wetter nach draußen. Zeige deinem Kind, dass es in Ordnung ist, mit der Kreide auf dem Boden zu malen. Sehr wahrscheinlich wird es versuchen, auch andere Dinge oder sich selbst anzumalen, um weitere Informationen über die Kreide zu erhalten. Gib ihm die Möglichkeit, sie zu erkunden, aber achte darauf, dass es die Kreide nicht in den Mund steckt.

Zusammen könnt ihr einfache geometrische Formen wie einen Kreis malen. Zeige deinem Kind verschiedene Dinge, die es danach daraus gestalten kann: Beispiele sind ein Ball, eine Sonne oder ein Autoreifen. Wellenlinien und Striche stellen ebenfalls eine gute Übung für dein Baby dar. Fordere es zwischenzeitlich dazu auf, dir etwas nachzumalen, aber lass es ebenso eigenständig seine Kunstwerke erschaffen.

Schaumparty

Baden mit Papa ist schon was Tolles! Ab jetzt könnt ihr richtige Schaumpartys veranstalten, denn dein Kind ist nun alt genug, um auch in der Badewanne ausgiebig mit dir zu interagieren.

Füge dem Wasser bereits beim Einlassen Badeschaum zu, damit das Produkt besonders schön schäumen kann. Dieses sollte hautschonend sein und nicht in den Augen brennen, weswegen sich ein Schaumbad speziell für Babys am besten eignet. Badeschaum kannst du aus unparfümierter Flüssigseife (optimal ist Flüssigseife für Babys) und ätherischen Ölen genauso gut selbst herstellen.

Ist die Wanne voll genug, könnt ihr loslegen: Formt damit Bärte, setzt euch Schaumhüte auf oder pustet euch einander Schaum ins Gesicht. Du kannst außerdem untertauchen oder dich hinter dem Schaum verstecken. Damit bringst du dein Baby bestimmt zum Lachen und Staunen.

TIPP!

MOCHTE DEIN NACHWUCHS DAS BADEN BISHER NICHT, KANN ES EINEM BAD DANK DES SCHAUMS VIELLEICHT MEHR ABGEWINNEN. EINEN VERSUCHIST ES WERT. ES KANN ZUDEM HELFEN, WENN DU ZUNÄCHST ALLEIN IN DIE WANNE STEIGST UND IHM ZEIGST, WIE VIEL SPASS DU HAST. SICHERLICH MÖCHTE DEIN KIND DANACH MITMACHEN.

ERWÄHNENSWERTES:

Picknick

Ob im eigenen Garten, im Park oder im Wald – ein Picknick ist eine wunderbare Gelegenheit, an die frische Luft zu kommen und sich dabei zu vergnügen. Und selbst bei schlechtem Wetter kann ein Picknick in der Garage oder im Kinderzelt zum Hit werden. Eventuell bringt es schlechte Esser sogar dazu, mehr zu futtern.

Schön ist es, wenn du und dein Sprössling das Picknick zusammen vorbereitet. Entscheidet gemeinsam, welche Speisen ihr mitnehmt. Lass dein Kind Lebensmittel und Getränke aus den Schränken holen und in den Rucksack packen. Es darf seinen Trinkbecher mit deiner Hilfe selbst befüllen etc.

Wenn du einen kleinen Rucksack hast, kann dein Kind diesen selbst füllen und auf seinem Rücken tragen. Es fühlt sich dabei noch stärker als ein Teil der Familie, da es Aufgaben übernehmen kann und Entscheidungen treffen darf. Das stärkt sein Selbstvertrauen und festigt die Familienbande.

INFOBOX:

IM JETZIGEN ALTER LIEBT ES DEIN KIND, WENN ES MITHELFEN DARF. BIETET ES VON SICH AUS SEINE HILFE AN, SOLLTEST DU SIE NICHT ABLEHNEN. ES STIMMT, DASS VIELES LÄNGER DAUERT, WENN KINDER MITHELFEN. EVENTUELL MUSST DU DIE AUFGABE DANACH NOCHMAL MACHEN, ABER ES BESTÄRKT DEIN KIND IN SEINEM VERHALTEN. LEHNST DU SEINE HILFE (ZU OFT) AB, KANN ES SICH ENTMUTIGT FÜHLEN UND HAT SPÄTER WENIGER LUST, IM HAUSHALT ODER BEI ANDEREN DINGEN ZU HELFEN.

ERWÄHNENSWERTES:

Höhle bauen

Kinder lieben es, sich in kuscheligen Höhlen oder aus Kissen und Decken gebauten Häuschen zu verstecken. Das bereitet nicht nur größeren Kindern Freude, sondern auch den kleinen. Warum also nicht gemeinsam mit deinem Baby einen Tunnel oder eine Höhle bauen, in denen es sich allein oder zusammen mit dir verkriechen kann?

Besonders einfach gestaltet sich das Bauen einer solchen Höhle mit einem Tisch oder anderen Stützen. Die Wände können ebenso mithilfe von mehreren festen Sofakissen stabil werden. Diese Kissen kannst du anschließend mit einer leichten Decke überziehen.

Soll die Höhle ausschließlich für dein Kind sein, kannst du ein Sofa als Unterstützung nutzen. Etwa einen halben Meter vom Sofa entfernt legst du Kissen oder andere stabile Objekte wie Kisten auf den Boden. Eine Decke wird über das Sofa und die Kissen gelegt. Auf diese Weise baust du deinem Baby einen Tunnel, durch den es kriechen oder in dem es sich verstecken kann. Das Durchkriechen selbst ist schon spaßig genug. Doch wenn Papa mitmacht und am Ausgang der Höhle oder des Tunnels wartet, wird es noch lustiger.

Murmelbahn

Ähnlich faszinierend wie Wasser wirken Bälle verschiedenster Art auf Kinder. Dabei ist es beinahe egal, ob es sich um einen großen Ball oder eine klitzekleine Kugel handelt. Wahrscheinlich ist gerade deswegen die Murmelbahn ein Klassiker in Kinderzimmern und aus ihnen nicht wegzudenken.

Am unkompliziertesten ist es, eine Murmelbahn zu kaufen. Die Murmeln sollten groß genug sein, damit dein Nachwuchs sie sich nicht mühelos in den Mund schieben kann. Es gibt Murmelbahnen, die man immer wieder auf neue Weise zusammenbauen kann. Sie bieten mehr Abwechslung, da man den Aufbau von Mal zu Mal verändern kann. Allerdings brauchen Kinder beim Zusammenbauen die Hilfe der Eltern. Darüber hinaus gibt es fertige

Murmelbahnen, die meist für jüngere Kinder konzipiert sind und ausreichend große Murmeln enthalten.

Alternativ kannst du deinem Kind eine eigene Murmelbahn bauen und sie frei nach deinen Wünschen und denen deines Babys gestalten. Für die Bahn eignen sich diverse Rinnen oder Kunststoffrohre, die du zuschneidest. Eine andere Option sind leere Klopapier- oder Küchenpapierrollen. Du und dein Sprössling können die Einzelteile für eine schönere Optik anmalen, bevor du sie zusammenbaust.

ERWÄHNENSWERTES:

Fotobilderbuch

Da sich dein Baby in einem Alter befindet, in dem es sich gern Bilderbücher mit dir ansieht, ist ein Fotobilderbuch eine gute Idee. Das Bilderbuch kannst du frei nach den Vorlieben deines Nachwuchses gestalten. Es ist nicht nur eine schöne Beschäftigung und hilft dem Sprachverständnis deines Kindes. Ein individuelles Fotobilderbuch ist obendrein ein wunderbares Erinnerungsstück für euch, wenn dein Kind älter ist.

Mach Fotos von den liebsten Menschen, Tieren und Objekten deines Kindes. Drucke sie auf Papier oder speziellem Fotopapier aus und klebe sie in ein Heft. Möchtest du, dass das Buch über eine lange Zeit einwandfrei bleibt, wähle festeres Papier. Dieses kannst du zusätzlich laminieren und zu einem Ringbüchlein binden. In dieser Form macht es dem Buch auch nichts aus, wenn dein Baby es mit dem Mund erkundet. Zudem sind die dickeren Seiten für kleine Kinderhände leichter umzuschlagen. Die laminierten Blätter kannst du zum Beispiel in einen handlichen Ordner heften. Praktisch daran ist, dass du den Ordner stets um neue Seiten erweitern oder veraltete Seiten herausnehmen kannst.

FOTOECKE – PAPA UND ICH

> ES GIBT KEINE GROSSEN ENTDECKUNGEN UND FORTSCHRITTE, SOLANGE ES NOCH EIN UNGLÜCKLICHES KIND AUF ERDEN GIBT.
>
> ALBERT EINSTEIN

Ihr habt sicher einige Highlights und entsprechend tolle Fotos, die euch die letzten Aktivitäten beschert haben. Vergiss nicht, sie hier einzukleben.

Camping

Außergewöhnliche Momente bleiben Erwachsenen sowie Kindern besonders leicht im Gedächtnis. An diese Situationen erinnern wir uns noch lange, und gleichzeitig prägen sie uns. Schaffst du viele besondere Momente mit deinem Kind, wird es sich mit einem Lächeln an seine Kindheit erinnern und das Gelernte an seine eigenen Kinder weitergeben. Du hast also großen Einfluss.

Etwas, was man nicht alle Tage macht, ist Camping. Dabei müsst ihr nicht unbedingt einen umständlichen Ausflug machen und mehrere Nächte draußen verbringen. Schon das Zelten im Garten oder im eigenen Wohnzimmer macht einen Heidenspaß! Insbesondere für jüngere Kinder ist ein Abenteuer dieser Art absolut ausreichend.

Baue bei gutem Wetter ein Zelt im Garten auf. Dein Kind kann dir dabei helfen, indem es dir die benötigten Teile reicht. Sobald das Zelt steht, tragt Kissen und Decken hinein und macht es euch gemütlich. Ein Lagerfeuer kann zu einem besonderen Highlight werden.Darüber könnt ihr Stockbrot oder andere Lebensmittel grillen und gemeinsam Musik machen. Sind keine Instrumente zur Hand, bieten sich die Lieblingskinderlieder deines Kleinen zum Singen an.

INFOBOX:

EIN KIND NIMMT SEINE ENGSTEN BEZUGSPERSONEN ALS VORBILD. DIE KINDHEIT IST EIN WICHTIGER TEIL SEINES LEBENS UND PRÄGT, WIE ES SICH IN SEINEM WEITEREN LEBEN VERHÄLT. WIE DU DICH DEINEM KIND GEGENÜBER VERHÄLTST UND WIE DU MIT IHM SPRICHST, WIRD ES SICH ALS BEISPIEL NEHMEN. DIE STIMME DER BEZUGSPERSONEN DEM KIND GEGENÜBER WIRD ZU EINEM GROSSEN TEIL ZUR INNEREN STIMME DES KINDES. LERNT DIESES, DASS ES WERTVOLL UND GELIEBT IST, WIRD ES VON SICH SELBST EHER EIN POSITIVES BILD HABEN UND SICH SPÄTER SELBST GUT ZUREDEN KÖNNEN. ES WIRD SICH AUSSERDEM SEINEN KINDERN GEGENÜBER ÄHNLICH VERHALTEN, WIE IHR EUCH ALS ELTERN IHM GEGENÜBER VERHALTEN HABT.

Stempeln

Eine andere Beschäftigung, die deinem Kind ab dem neunten Lebensmonat gefallen könnte, ist das Stempeln auf unterschiedlichen Oberflächen. Ob ihr eine hübsche Karte für Weihnachten oder ein Geschenk zum Muttertag macht – das Stempeln ist eine tolle Art, um sich kreativ auszudrücken.

Entweder verwendet ihr gekaufte Stempel oder du machst eigene Stempel mit individuellen Motiven. Stempel kannst du aus verschiedenen Materialien herstellen: Solche, die nur kurz haltbar sind, kannst du zum Beispiel aus Kartoffeln machen. Für dauerhaft haltbare Stempel eignen sich Materialien wie Gummi, Kork, Linoleum oder Holz. Entscheidest du dich für nachhaltige Holzstempel, ist das getrocknete Holz von Obstbäumen wie Pflaume, Apfel oder Birne optimal.

Halbiere die Kartoffel oder wähle die gewünschte Größe für Gummi, Holz etc. Male anschließend das Motiv auf das ausgewählte Material und schneide oder schnitze die Fläche darum herum weg, sodass das Motiv hervorsticht. Ideal für kleine Kinder sind überdies Weinkorken. Mit denen kann dein Baby einfache Punkte stempeln.

Als Farbe für das Stempeln kommen Acrylfarbe, Wasserfarbe, Fingerfarbe, Stempelfarbe oder Textilfarbe infrage. Welche Farbe ihr nutzen möchtet, hängt zum großen Teil vom Untergrund ab. Stempelt ihr beispielsweise auf ein T-Shirt, solltet ihr Textilfarbe wählen.

TIPP!

DIE MOTIVE MÜSSEN NICHT AUFWENDIG SEIN. SIMPLE GEOMETRISCHE FORMEN WIE KREIS, DREIECK ODER QUADRAT SIND FÜR DEN ANFANG AUSREICHEND. DEIN NACHWUCHS WIRD ES SPANNEND GENUG FINDEN, WIE DIE FARBE VOM STEMPEL AUF DEN UNTERGRUND GELANGT.

Hindernisparcours

Sportliche Betätigung liefert dir und vor allem deinem Baby ein Parcours. Bei gutem Wetter geht das problemlos draußen im Garten oder in einem Park. Aber bei jedem Wetter könnt ihr die Hindernisse ebenso gut in den eigenen vier Wänden absolvieren.

Baue dafür verschiedene Hindernisse in der Wohnung oder im Garten auf, die du und dein Kind bewerkstelligen könnt. Denk dir mehrere Stationen aus. Ein paar Beispiele findest du in der folgenden Auflistung:

- einen Kissenberg erklimmen
- über eine Bank krabbeln oder laufen
- über eine Wippe aus einem Brett und einem mittig darunter platzierten Backstein krabbeln oder laufen
- unter einem Tisch oder Stühlen hindurchkriechen
- zwischen zwei auf dem Boden liegenden Seilen hindurchlaufen

Unterstütze dein Kind bei den einzelnen Stationen nur, wenn es nach Hilfe sucht. Das eigenständige Bewältigen der Hindernisse macht es nämlich stolz, sodass sein Selbstbewusstsein gestärkt wird. All diese Aktivitäten schulen sowohl die Grobmotorik als auch den Gleichgewichtssinn deines Babys. Für eine Extraportion Spaß und Lachen gib dir Mühe, die Hindernisse selbst auf eine lustige Art zu überwinden.

INFOBOX:

KINDER WIE AUCH ERWACHSENE KÖNNEN IN EINEN SOGENANNTEN FLOW KOMMEN, IN DEM SIE FOKUSSIERT SIND UND BESONDERS SCHNELL LERNEN. ALLERDINGS WIRD DIESER ZUSTAND NUR ERREICHT, WENN DIE AUFGABEN WEDER ZU LEICHT NOCH ZU SCHWER SIND. BEHALTE DIES BEIM AUFBAUEN DER STATIONEN IM HINTERKOPF. WENN DU BEIM DURCHLAUFEN DES PARCOURS MERKST, DASS EINE STATION VIEL ZU SCHWIERIG ODER ZU LEICHT FÜR DEIN BABY IST, PASSE SIE AN SEINE FÄHIGKEITEN AN

Wo bin ich?

Im jetzigen Alter versteht dein Baby bereits, dass eine Person oder ein Gegenstand nicht einfach verschwinden. Es weiß nun, dass Mama oder Papa zurückkommen, wenn sie den Raum verlassen. Ebenso versteht es, dass ein Spielzeug sich in einer Kiste befinden und dass ein unter das Bett gerollter Ball wieder hervorgeholt werden kann.

Du kannst deinen Nachwuchs beim Lernen dieses Wissens unterstützen, indem du es in diversen Spielen verpackst. Ein Spiel, das sich dafür anbietet, ist das Verstecken von Gegenständen. Nachfolgend findest du zwei Anregungen für diese Art von Spielen:

1. Suche dir ein Spielzeug oder einen Gegenstand aus. Zeige ihn deinem Kind und erkläre diesem, dass du ihn im Zimmer, in der Wohnung oder im Haus verstecken wirst. Ihr könntet zunächst auf gemeinsame Suche gehen, bis dein Baby versteht, wie das Spiel läuft. Später könnt ihr euch beim Verstecken und Suchen abwechseln.

2. Lege dir mehrere kleine Gegenstände bereit, die du deinem Baby zeigst. Während es dir zusieht, machst du Folgendes: Verpacke die Gegenstände in einer Tüte, einem Säckchen oder – im Falle von größeren Objekten – in einem Kissenbezug. Verschließe die Tüte durch einmaliges oder mehrfaches Umklappen und lass dein Kind die Dinge herausholen. Die Übung erfordert für Kinder in diesem Alter noch einiges an Konzentration. Diese Aktivität eignet sich überdies prima für die Badewanne: Anstelle einer normalen Tüte verwendest du einfach einen Waschlappen.

INFOBOX:

DIE WELT DEINES KINDES ERWEITERT SICH VON 2D AUF 3D, SOBALD ES VERSTEHT, DASS DINGE WEITEREXISTIEREN, SELBST WENN SIE NICHT MEHR SICHTBAR SIND. DAS IST EIN GROSSER SCHRITT IN SEINER GEISTIGEN ENTWICKLUNG. DIESES VERSTÄNDNIS IST ESSENZIELL FÜR DAS RÄUMLICHE DENKEN UND EINE NOTWENDIGE VORBEREITUNG AUF DIE ERSTEN SCHRITTE UND DAS FREIE LAUFEN.

Fädelspiel

Möchtest du die Feinmotorik deines Babys auf spielerische Weise trainieren, ist ein Fädelspiel genau das Richtige. Es erfordert Konzentration und Ausdauer. Obendrein kann dein Sprössling mit dem Ergebnis anschließend noch Freude haben.

Ideal zum Auffädeln für Kinder sind jegliche Arten von Perlen mit einer Bohrung. Diese können je nach Alter des Kindes in der Größe variieren. Als Alternative zu den Perlen kannst du Steckblumen auf eine Schnur auffädeln lassen. Für kleine Kinderhände eignet sich ein dickerer, stabiler Faden optimal. Hast du weder Perlen noch Steckblumen zu Hause, verwende zum Beispiel Ringe oder leere Klopapierrollen. Diese kannst du ganz oder in Ringe geschnitten auffädeln lassen.

Befinden sich genügend Perlen oder Steckblumen auf dem Faden, kannst du die beiden Enden zusammenknoten. So entsteht eine Kette, die du deinem Kind um den Hals hängen kannst. Lass es mit der Kette jedoch nicht unbeaufsichtigt. Das Band kannst du ebenfalls als Dekoration aufhängen oder einfach wieder von den Perlen oder Steckblumen befreien, um sämtliche Materialien immer wieder zum Spielen verwenden zu können.

INFOBOX:

MIT ETWA NEUN MONATEN FANGEN KINDER AN, NACH KLEINEREN OBJEKTEN MIT DEM DAUMEN UND DEM GESTRECKTEN ZEIGEFINGER ZU GREIFEN. DIESER GRIFF WIRD ALS PINZETTENGRIFF BEZEICHNET. ANFANGS SIEHT ER NOCH UNGESCHICKT AUS, DENN DEIN KIND BENÖTIGT DAFÜR VIEL ÜBUNG. ES ERFORDERT STARKEN FOKUS UND EINE GUTE HAND-AUGEN-KOORDINATION, UM IHN AUSZUFÜHREN. FÜR KINDER, DIE DEN PINZETTENGRIFF NOCH NICHT GUT BEHERRSCHEN, IST DIESE ÜBUNG HILFREICH. SIE KANN JEDOCH EBENSO FRUSTRIEREND SEIN, WENN DEIN BABY NOCH NICHT BEREIT IST.

Hilf ihm in diesem Fall beim Auffädeln oder erleichtere die Übung mithilfe von größeren Perlen/Ringen und einem stabileren Band oder einer Art Draht.

Waldabenteuer

Habt ihr einen Wald oder Felder in der Nähe? Na dann: Ab geht's an die frische Luft! Selbst wenn kein Wald in eurer direkten Umgebung zu finden ist, lohnt sich mit deinem Nachwuchs bereits ein etwas längerer Ausflug in den nächsten Wald. Mit der passenden Kleidung wie einer Matschhose wird es selbst bei Regen ein richtig schönes Waldabenteuer.

Entdecke mit deinem Baby die unterschiedlichen Bäume und Sträucher. Lass es die Rinden der Bäume berühren oder an Blüten schnuppern. Wenn ihr Glück habt, seht ihr ein Eichhörnchen oder sogar ein Reh. Doch auch kleinere Tiere wie Schnecken oder Ameisen wecken das Interesse von Kindern.

Besonderen Spaß macht die Erkundung des Waldes auf eigenen Beinen oder auf allen vieren. Dabei solltest du im Hinterkopf behalten, dass man Kleidung waschen kann, oder euch absichtlich alte, kaputte oder schmutzige Kleidung anziehen. Das Lachen deines Kindes und das Formen zauberhafter Erinnerungen sind ohne Frage wertvoller als einwandfreie Kleidung.

Lass dein Kind seine Umgebung mit allen Sinnen erfassen. Dabei können Stock und Stein schon mal mit dem Mund ergründet werden. Dein Kind steckt sich vermutlich etwas in seinen Mund, jedoch ohne die Intention, es herunterzuschlucken. Solange es sich nicht um eine giftige Pflanze handelt, sollte dies in Ordnung sein. Du kannst ihm erklären, wenn etwas „bäh" ist oder seine Aufmerksamkeit auf andere Dinge lenken, wenn du dies nicht möchtest.

INFOBOX:

EINE ERKUNDUNGSTOUR MIT BLOSSEN FÜSSEN TRAINIERT DIE SINNE NOCH MEHR, DENN KINDER HABEN EMPFINDLICHE FÜSSE, MIT DENEN SIE VIELES SPÜREN KÖNNEN. ZUSÄTZLICH IST DAS BARFUSSLAUFEN SEHR GESUND. DIE FOLGENDEN VORTEILE KANN DEIN KIND DURCH DAS REGELMÄSSIGE LAUFEN MIT NACKTEN FÜSSEN HABEN:

- gesunde Entwicklung der Füße in Bezug auf die richtige Zehenstellung
- Kräftigung der Bänder, Muskeln und Fußgelenke
- bessere Körperhaltung
- Verringerung des Risikos von Verletzungen durch Umknicken
- Stärkung des Immunsystems durch das Barfußlaufen bei jedem Wetter

Zusammen kochen

Je früher Kinder bei alltäglichen Aktivitäten helfen können, desto mehr werden sie sich als Teil der Familie fühlen und desto lieber werden sie auch später im Haushalt mithelfen. Kinder lieben es nämlich zu helfen, es macht ihnen Spaß. Zudem lernen sie durch Vorbilder. Sie sehen ihre Eltern und andere Erwachsene und wollen diese imitieren. Daher wird sich dein Baby freuen, wenn du ihm kleine Aufgaben wie das Wegwerfen von Müll oder das Abwischen des Tisches überträgst. Einige Dinge wird es noch nicht problemlos erledigen können. In diesem Fall kannst du es ihm erneut zeigen oder ihm helfen.
Das gemeinsame Kochen mit deinem Kind ist eine schöne Beschäftigung und erfüllt einen Sinn, da ihr euch als Familie die Mahlzeit teilen werdet. Schlechte Esser könnten durch das gemeinsame Kochen motiviert werden, mehr zu essen, da sie an der Planung und Zubereitung beteiligt sind. Fragst du dich, welche Aufgaben dein Kind beim Kochen übernehmen kann? Einige Beispiele sind nachfolgend aufgelistet:

- Lebensmittel von einem Ort zum anderen tragen
- Lebensmittel waschen
- weiche Lebensmittel schneiden (zeige deinem Kind, wie du schneidest, und sieh ihm anschließend dabei zu, um im Notfall eingreifen zu können)
- Lebensmittel in den Topf geben
- Wasser in Töpfe schütten
- das Essen im Topf umrühren
- Knöpfe von Küchenmaschinen, Ofen und Herd drücken/drehen
- Arbeitsfläche oder Tisch abwischen

TIPP!

THEORETISCH KANNST DU DEINEM KIND VIELE AUFGABEN AUFTRAGEN. ES BRAUCHT JEDOCH ZUVOR DEINE EINWEISUNG IN DER FORM, DASS DU IHM LANGSAM UND DEUTLICH ZEIGST, WIE ETWAS GEMACHT WERDEN SOLL. LASS DEIN KIND HELFEN, WANN IMMER UND WIE LANGE ES MÖCHTE. MÖCHTE ES NICHT MEHR HELFEN, IST DAS EBENFALLS IN ORDNUNG.

ERWÄHNENSWERTES:

FOTOECKE – PAPA UND ICH

> WAS JE DIE FREUDE GROSS GEZOGEN, ES WIEGT DAS VATERGLÜCK NICHT AUF.
>
> EDUARD DULLER

Beim gemeinsamen Kochen oder auf der Entdeckungsreise durch den Wald sind sicherlich einzigartige Fotos entstanden. Diese und andere Fotos der letzten Aktivitäten möchten auf die folgenden Seiten geklebt werden.

Activity Board

Für diese Beschäftigung braucht es etwas mehr Vorbereitung – wenn du dich kreativ ausleben und deinem Nachwuchs ein einzigartiges Activity Board bauen möchtest. Falls nicht, gibt es diese kreativen Spielzeuge auch zu kaufen.

Ein Activity Board ist eine Holzplatte, die mit verschiedenen Materialien und Objekten ausgestattet ist. An ihm können Kinder ihre Fähigkeiten testen und verbessern. Das Spielen mit Activity Boards fördert hauptsächlich die Feinmotorik. Du und dein Baby könnt gemeinsam mit dem Board spielen, sodass sich eure Beziehung durch die gemeinsam verbrachte Zeit weiter vertieft.

Für die Herstellung eines Activity Boards brauchst du eine Holzplatte und verschiedene Gegenstände wie zum Beispiel Bänder und Schnüre, einen Reißverschluss, eine Tasche, Lichtschalter, eine Klingel oder einen Rollfuß für Möbel. Auch unterschiedliche Typen von Schlössern und Türchen bieten sich für das Board an.

Anleitung:

1. Schneide die Holzplatte auf die gewünschte Größe zu (etwa 40 x 30 Zentimeter) und schleife sie. Dadurch verhinderst du, dass sich dein Kind beim Spielen einen Holzsplitter zuzieht.
2. Lackiere oder male die Platte auf Wunsch mit einer ungiftigen Farbe an.
3. Lege dir die Objekte bereit, die du an der Platte anbringen möchtest. Plane deren Anordnung, sodass sie alle auf das Board passen.
4. Befestige die Gegenstände sicher.
5. Falls du Kleber oder Leim benutzt hast, lass diesen gut trocknen, bevor es ans Spielen geht.

Und schon ist das Activity Board zum Spielen einsatzbereit! Zeige es deinem Baby und gib ihm die Zeit, sämtliche Objekte mit den Augen zu erfassen und mit den Händen zu erkunden. Es kann etwas dauern, bis dein Kind versteht, dass man die Schlösser öffnen und den Lichtschalter betätigen kann.

Indoor-Spielplatz

Kann dein Baby krabbeln oder bereits laufen, ist ein Besuch im Indoor-Spielplatz eine willkommene Abwechslung zu den deinem Kind schon bekannten Orten. Ein Indoor-Spielplatz ist meist eine Halle, die mit diversen Stationen wie einem Klettergerüst, einem Trampolin, einem Bällebad und einer Hüpfburg ausgestattet ist. Es gibt Bereiche für jüngere und ältere Kinder, deren Nutzung sich positiv auf die Grobmotorik auswirken. Praktisch ist überdies, dass ihr bei schlechtem Wetter hierhin flüchten und jede Menge Spaß haben könnt.

Je nachdem, welche Fähigkeiten dein Kind besitzt, könnt ihr durch die Halle toben. Insbesondere, wenn dein Baby selbst laufen kann, lohnt sich der Besuch. Denn in diesem Fall könnt ihr die meisten Aktivitäten zusammen durchlaufen. Klettert zusammen hoch hinaus, rutscht wieder herunter oder buddelt euch durch das Bällebad.

Besucht ihr einen Indoor-Spielplatz, gibt es für deinen Nachwuchs einiges zu sehen und zu entdecken. Andere Kinder und Erwachsene, aber auch viele neue Geräusche und Gerüche zählen zu den Eindrücken, die auf dein Baby einprasseln.

TIPP!

NORMALERWEISE KANN MAN SPEISEN UND GETRÄNKE VOR ORT KAUFEN. SORGE DENNOCH DAFÜR, DASS IHR AUSREICHEND WASSER DABEIHABT. AUSSERDEM SOLLTEST DU WECHSELKLEIDUNG UND WINDELN MITNEHMEN. DA ES DEINEM KIND BEIM TOBEN WARM WERDEN KANN, SOLLTEST DU SOGAR IM WINTER EBENFALLS KURZE KLEIDUNG EINPACKEN.

Klatschspiele

Ein spaßiges Training für die Hand-Augen-Koordination und die Grobmotorik eines Kindes sind Klatschspiele. Die jeweiligen Reime könnt ihr gemeinsam sprechen und klatschen. Es gibt spezielle Klatschspiele, die du mit deinem Nachwuchs durchführen kannst. Du kannst selbstverständlich ebenso zu anderen Liedern mit deinem Baby klatschen.

Zu Beginn kannst du die Hände deines Kindes in die deinen legen und ihm somit beim Klatschen helfen. Diese Bewegung kann nämlich einiges an Übung und Konzentration erfordern. Bekannte Klatschspiele sind beispielsweise die folgenden:

1. *Backe, backe Kuchen, der Bäcker hat gerufen! Wer will guten Kuchen backen, der muss haben sieben Sachen: Eier und Schmalz, Zucker und Salz, Milch und Mehl. Safran macht den Kuchen gehl! Schieb, schieb in'n Ofen rein.*

2. *Alle Leut', alle Leut', geh'n jetzt nach Haus. Große Leute, kleine Leute, dicke Leute, dünne Leute. Alle Leut', alle Leut', geh'n jetzt nach Haus.*

Anleitung:

Klatsche in die Hände und spreche den Vers. Mach bei „große", „kleine", „dicke" und „dünne" entsprechende Handbewegungen. Daraufhin folgt erneutes Klatschen.

Klatsche mit deinem Baby langsam im Takt zu den gesprochenen oder gesungenen Versen. Je besser dein Nachwuchs klatschen kann, desto eher könnt ihr die Geschwindigkeit des Klatschens erhöhen. Diese Aktivität bringt euch beide bestimmt zum Lachen. Sie hilft deinem Kind außerdem dabei, Rhythmusgefühl zu entwickeln.

Wasserfarben

Ist dein Nachwuchs alt genug, um eigenständig auf Stühlen oder auf dem Boden zu sitzen? Dann darf er nun innerhalb des Hauses mit Wasserfarben malen. Dein Kind sollte gegenwärtig zudem in der Lage sein, auf A4-Papier zu malen, ohne Tisch oder Boden zu beschmieren. Erkläre es ihm lieber nochmal.

Setze dich mit deinem Baby hin und gib ihm einen Pinsel sowie ein Blatt Papier. Stelle die Wasserfarben und einen Becher mit Wasser bereit. Ihr könnt jetzt entweder zusammen auf einem Blatt malen oder jeder malt ein eigenes Bild. Während des Malens kannst du deinem Kind simple geometrische Figuren zeigen. Du kannst es ebenso erraten lassen, was du malst. Frage es, welches Geräusch das gemalte Objekt oder Tier macht, oder lass es deine Bilder ausmalen.

Bei dieser Beschäftigung rückt nicht nur die Feinmotorik in den Fokus, sondern auch die Hand-Augen-Koordination sowie das Sprachverständnis.

ERWÄHNENSWERTES:

Drachensteigen

An windigen Herbsttagen, wenn euch drinnen die Decke auf den Kopf fällt, geht an die frische Luft. Draußen auf einer Wiese oder einem Feld könnt ihr zusammen einen Drachen steigen lassen. Es wird dein Kind faszinieren, den Drachen in der Luft fliegen zu sehen. Unabhängig davon, ob es bereits laufen kann oder nicht, kann dein Baby das Seil des fliegenden Drachens selbst festhalten.

Zum Drachensteigen braucht ihr natürlich zunächst einen Drachen. Du kannst einen solchen kaufen oder aber selbst designen und bauen. Im Internet gibt es beispielsweise Vorlagen zum Basteln von Drachen, die du nutzen kannst. Hier findest du ebenfalls eine einfache Anleitung zum Basteln eines typischen rautenförmigen Drachens. Die folgenden Objekte benötigst du dafür:

- Transparentpapier, Stoff oder eine Plastiktüte
- zwei Holzleisten
- Schnur
- Heißkleber oder Leim
- Akkuschrauber mit Bohrer, Säge und Schere

SO BASTELST DU EINEN EIGENEN FLUGFÄHIGEN DRACHEN:

1. Schneide die Holzstäbe in die gewünschte Länge, zum Beispiel eine Leiste von 100 und eine von 80 Zentimetern Länge.
2. Lege den kürzeren Stab in einem Verhältnis von einem zu zwei Dritteln auf den längeren Stab. Wo sich die Leisten kreuzen, kerbst du etwas Holz heraus, damit sie besser aufeinanderliegen.
3. Mithilfe einer Schnur verknotest du die Stäbe miteinander.
4. Bohre ein Loch durch jedes Stabende.

5. Führe eine Schnur durch alle gebohrten Löcher und verknote die Enden miteinander.
6. Lege die Drachenkonstruktion auf den Stoff oder das Papier und schneide das Material zu, sodass es etwa 2 Zentimeter von der gespannten Schnur übersteht.
7. Gib Kleber oder Leim auf das überstehende, zugeschnittene Material und klappe dieses auf das innenliegende Drachenmaterial. Die Schnur ist nun von dem vormals überstehenden Material umgeben.
8. Befestige eine Schnur mit Bändern als Drachenschwanz am unteren Ende des Drachens.
9. An der längeren Holzleiste befestigst du zum Schluss mithilfe von zwei Knoten eine Schnur, an der der Drachen künftig geführt wird.

Das Schöne an einem selbstgemachten Drachen ist, dass ihr ihn ganz nach euren Wünschen gestalten könnt und ältere Kinder beim Basteln mithelfen können.

Kugelspaß

Eine schnelle und einfache Beschäftigung, die ebenfalls ein Training der Feinmotorik für dein Kind bedeutet, ist die folgende: Entweder hast du kleine Kugeln zur Hand oder rollst sie selbst aus Papier, Lehmerde oder anderen Materialien zusammen. Diese Kugeln könnt ihr dann gemeinsam durch selbstgebaute Tunnel oder Klopapierrollen schießen oder fallen lassen.

Sind die Kugeln aus unterschiedlichen Materialien, stellt die Aktivität darüber hinaus eine sensorische Übung dar: Dein Kind erfährt, wie verschieden sich die Kugeln in seiner Hand anfühlen. Es lernt zudem die Eigenschaften der diversen Materialien kennen. Die Lehmkugel rollt beispielsweise schneller und flüssiger als eine Papierkugel.

Toben

Toben geht immer. Schon kleine Kinder lieben es, mit Papa zu toben. Ob im Bett, in einer Kuschelecke, auf dem Sofa, im Garten oder einfach auf dem Boden – wild herumzutollen, macht riesigen Spaß. Insbesondere, da viele Mütter eher weniger toben, ist das wilde Spiel eine Aufgabe, die du mit Stolz übernehmen solltest.

Dein Kind sieht dich als Papa als den physisch stärkeren Elternteil. In die Luft werfen, auf dem Rücken tragen oder Kletterübungen an den eigenen Armen veranstalten lassen, ist für Väter meist leichter zu vollbringen als für Mütter. Folge deinem Kind und seinen Fähigkeiten intuitiv beim Toben. Du kennst dein Baby und weißt, wozu es fähig ist und wozu noch nicht.

Spiele Flieger (siehe weiter oben) mit deinem Kind, indem du es in die Luft wirfst oder mit ausgestreckten Armen um dich herumfliegen lässt, während du dich im Kreis drehst. Lass es Rollen um deine Arme machen, wobei du es selbstverständlich gut festhältst, oder wirf es dir vorsichtig über die Schulter und lass es langsam an deinem Rücken heruntergleiten, bis es wieder festen Boden unter den Füßen hat.

Toben geht natürlich ebenso gut auf allen vieren. Du wirst also zu einem beliebigen Tier, und dein Nachwuchs darf auf deinem Rücken reiten. Eine andere Option ist, dass ihr beide Tiere seid, die durch den Garten oder die Zimmer krabbeln.

INFOBOX:

FANGEN, KITZELN, VERSTECKEN ODER ERSCHRECKEN SIND BELIEBTE SPIELE, DIE KLEINEN KINDERN MEIST VIEL SPASS MACHEN. SIE HELFEN DER ENTWICKLUNG IHRER KOORDINATION, IHRES GLEICHGEWICHTSSINNS UND IHRER GROBMOTORIK. DOCH AUCH DAS LOGISCHE DENKEN KANN DADURCH TRAINIERT WERDEN, WEIL DAS KIND SICH ÜBERLEGEN MUSS, WOHIN ES LÄUFT ODER WO ES SICH VERSTECKEN KANN.

Spiele in der Natur

Stöcke, Steine, Blätter, Erde oder Wasser – die Natur hat jede Menge interessante Dinge zu bieten, die deinem Sprössling als Spielzeug und -kamerad dienen können. Ein Stock wird beispielsweise zu einem Pferd, einem Zauberstab oder einem Kochlöffel. Steine werden zu Geld, Lebensmitteln oder kleinen Menschen. Kinder stecken voller Fantasie. Lass dich von deinem Baby führen und sieh die Welt mit neuen Augen. Spaßige Spiele mit Naturmaterialien sind unter anderem diese:

- durch Pfützen laufen, springen oder fahren
- in Büschen verstecken
- durch Laubberge krabbeln
- über Baumstämme balancieren
- mit Stöcken Türme etc. bauen
- Löcher buddeln
- mit Steinen Bilder legen

INFOBOX:

ÜBERRASCHENDERWEISE BRAUCHEN KINDER KEINE GROSSEN MENGEN AN SPIELZEUG. SPEZIELL DIE KLEINEN KÖNNEN DURCH EINEN ÜBERFLUSS AN SPIELZEUG SOGAR GEHEMMT WERDEN. HAT EIN KIND ZU VIEL SPIELZEUG ZUR VERFÜGUNG, IST ES MÖGLICH, DASS ES SICH NICHT LANGE ALLEIN BESCHÄFTIGEN KANN, WEIL ES SCHLICHT ÜBERFORDERT IST. DIES KANN SICH INSBESONDERE AUF SEINE KONZENTRATION UND AUFMERKSAMKEITSSPANNE NEGATIV AUSWIRKEN.

ERWÄHNENSWERTES:

FOTOECKE – PAPA UND ICH

> JEDER VATER SOLLTE SICH DARAN ERINNERN,
> DASS SEIN SOHN EINES TAGES SEINEM BEISPIEL FOLGEN
> WIRD ANSTATT SEINEM RAT.
>
> CHARLES F. KETTERING

Halte mittels schöner Fotos Erinnerungen an den selbstgebastelten Drachen oder das unterhaltsame Activity Board fest.

Lagerfeuer

Feuer ist für Kinder ähnlich faszinierend wie Wasser. Wenn sie dürfen, spielen sie damit, indem sie eine Kerze auspusten oder einen Stock ins Feuer halten. Solange dies in deinem Beisein geschieht, besteht keine Gefahr.

Baut euch im Garten eine permanente Feuerstelle, denn kaum etwas ist schöner als einen Tag gemeinsam am Feuer ausklingen zu lassen. Sucht in der Umgebung nach trockenen Stöcken für das Feuer und legt diese auf einen Haufen. Sammelt Papierreste, mit deren Hilfe ihr das Feuer entfacht. Macht Stockbrot oder wickelt Kartoffeln in Alufolie und legt diese ins Feuer, bis sie gar sind. Eine weitere Beschäftigung am Lagerfeuer ist das Musizieren oder das Beobachten des Feuers. Genießt eine ruhige Runde am Lagerfeuer und seid dankbar für eure Familie und eure starke Bindung.

In jedem Fall solltest du deinem Kind erklären, dass Feuer heiß ist und gefährlich sein kann. Überlege dir im Voraus wichtige Regeln im Umgang mit Feuer, die du deinem Nachwuchs lehren möchtest.

INFOBOX:

„MESSER, GABEL, SCHERE, LICHT SIND FÜR KLEINE KINDER NICHT!" DIESEN SPRUCH KENNST DU EVENTUELL AUS DEINER EIGENEN KINDHEIT. DABEI IST ES EHER KONTRAPRODUKTIV, KINDER DAVON FERNZUHALTEN. BRINGST DU DEINEM KIND NÄMLICH BEI, MIT GEFÄHRLICHEN OBJEKTEN ODER SITUATIONEN UMZUGEHEN, KANNST DU BESSER SCHLIMMEN VERLETZUNGEN VORBEUGEN. EINERSEITS HANDELT DEIN KIND UNTER DEINER AUFSICHT, SODASS DU BEI GEFAHR SCHNELL EINGREIFEN KANNST. ANDERERSEITS WEISS ES DURCH DAS LERNEN, WIE ES MIT DEM ENTSPRECHENDEN WERKZEUG UMGEHEN MUSS. KINDER HINGEGEN, DENEN DER UMGANG MIT MESSER, FEUER ODER RISIKOREICHEN GEGENSTÄNDEN VERBOTEN WIRD, KÖNNEN EIN BESONDERES INTERESSE FÜR DIESE DINGE ENTWICKELN. DA SIE JEDOCH NICHT DAMIT GESEHEN WERDEN DÜRFEN, PROBIEREN SIE DIE OBJEKTE DANN WOMÖGLICH HEIMLICH – WEIT ENTFERNT VON DER ELTERLICHEN HILFE – AUS.

Tierische Ausflüge

Egal, ob Katzen, Kaninchen, Hühner, Pferde oder Kühe – die meisten Kinder freuen sich, wenn sie Tiere sehen. Dabei ist es unerheblich, ob es sich um Wald- oder Haustiere handelt. Daher ist es eine schöne Idee, eure Ausflüge mit Tieren zu verbinden. Dein Kleines lernt, wie diese in der Realität aussehen, wie sie sich bewegen und welche Geräusche sie machen. Ideal geeignet dafür sind beispielsweise Zoos, Streichelzoos oder Tierparks.

Zeigt dein Kind besonderes Interesse an einem bestimmten Tier, gib ihm zusätzliche Informationen darüber: Wie sieht der natürliche Lebensraum des Tiers aus? Legt es Eier oder ist es ein Säugetier? Was frisst es? Du kannst euren Besuch im Tierpark oder Wildgatter als Möglichkeit zum Lernen ansehen. Ist dein Baby interessiert, nimmt es neue Informationen umso besser auf.

Ein Ausflug ins Tierreich wirkt sich nicht nur positiv auf das Wissen deines Nachwuchses aus, sondern auch auf seine Sprachentwicklung. Außerdem lernt das Kind, wie groß die Welt ist. Neues zu sehen, bedeutet für dein Kind zugleich, Neues zu lernen.

TIPP!

DER RUF VON ZOOS ODER TIERPARKS IST NICHT IMMER POSITIV. TIERE BEFINDEN SICH IN ZU KLEINEN GEHEGEN, SEHEN KRANK AUS ODER HABEN KEINE ARTGENOSSEN IN IHRER NÄHE. DAS KÖNNEN, MÜSSEN ABER NICHT UNBEDINGT GRÜNDE SEIN, DIESE ORTE ZU MEIDEN. DU KANNST DEINEM NACHWUCHS ERKLÄREN, WAS UND WARUM DU ETWAS SCHLECHT FINDEST. AUS EINEM AUSFLUG DIESER ART KANN EINE WERTVOLLE ERFAHRUNG WERDEN. MIT ÄLTEREN KINDERN KÖNNEN WICHTIGE UND TIEFGRÜNDIGE GESPRÄCHE ENTSTEHEN.

ERWÄHNENSWERTES:

Schaukelpferd

Babys und Kleinkinder lieben Schaukelpferde. Daher sind diese schon seit Jahrhunderten nicht aus Kinderzimmern wegzudenken. Ja, ein Schaukelpferd – oder ein anderes Schaukeltier – nimmt viel Platz ein und kann teuer in der Anschaffung sein. Dennoch: Das Schaukeln bereitet Kindern viel Freude. Eine Babywiege ist bei jüngeren Kindern ähnlich angesagt und hilft diesen manchmal sogar in den Schlaf. Ab dem Spielplatzalter sind Schaukel und Wippe beliebte Spielgeräte.

Toll an einem Schaukelpferd ist, dass es stets zur Verfügung steht und bei jedem Wetter genutzt werden kann, da es sich innerhalb der eigenen vier Wände befindet. Das eigenständige Schaukeln fördert die Grobmotorik von Kindern, denn ein Schaukelpferd in Bewegung zu setzen, will geübt sein. Der Gleichgewichtssinn sowie die motorische Entwicklung des Kindes können vom Schaukeln profitieren, sodass es für deinen Nachwuchs in der Zukunft unter anderem leichter sein kann, das Fahrradfahren zu erlernen.

Du kannst eine spannende Geschichte erfinden und sie deinem Baby erzählen, während es reitet. Anfangs kannst du deinem Kind auch beim Schaukeln helfen, wenn es den Dreh noch nicht raus hat.

Bist du handwerklich begabt, möchtest du deinem Baby vielleicht ein selbstgebautes Schaukelpferd aus Holz bereitstellen. Es kann zu einem besonderen Erbstück der Familie werden.

INFOBOX:

WÄHREND DES SCHAUKELNS ODER WIPPENS WIRD DER GLEICHGEWICHTSSINN STIMULIERT. DURCH DIE BEWEGUNG WERDEN NÄMLICH DIE SINNESHÄRCHEN DES GLEICHGEWICHTSORGANS BEWEGT. DARAUS RESULTIERT EIN ANGENEHMES GEFÜHL. AUS DIESEM GRUND TRÄGT DAS SANFTE SCHAUKELN DAZU BEI, KINDER ZU TRÖSTEN, SIE ZU BERUHIGEN UND IN DEN SCHLAF ZU WIEGEN.

Sinnesspiele

Sobald du die Sinne deines Babys stimulierst, kann dies positive Auswirkungen auf seine Entwicklung haben. Neue Eindrücke nehmen Kinder meist mit Freude an, solange es nicht zu viele neue Reize auf einmal sind. Bei dieser Aktivität soll es hauptsächlich um zwei Sinne gehen: das Schmecken und das Riechen.

Kleine Schraubgläser oder Kunststoffbehältnisse, die sich luftdicht verschließen lassen, eignen sich ideal für Sinnesspiele. Du kannst ein Memory daraus zusammenstellen oder deinem Kind neue Gerüche vorstellen.

Für das Memory benötigst du viele kleine Behältnisse, die gleich aussehen und nicht transparent sind. Fülle jeweils zwei dieser Dosen mit demselben Material. Du kannst beispielsweise frische Kräuter wie Rosmarin, Salbei oder Oregano verwenden. Ebenso gut eignen sich ätherische Öle. Diese sind zudem länger haltbar, da sie nicht zu schimmeln anfangen. Im Anschluss versucht ihr, die jeweiligen Geruchspaare zu finden.

Möchtest du deinem Kind neue Gerüche und Aromen näherbringen, kannst du es an einem Öl, einem Kraut oder einer Blüte riechen lassen und ihm erklären, worum es sich dabei handelt. Mit Lebensmitteln kannst du ähnlich verfahren: Suche zwei bis drei Lebensmittel aus, die dein Kind noch nicht kennt. Schneide kleine Stücke davon ab und lass dein Kind eines nach dem anderen probieren, während du es darüber informierst, wie das Lebensmittel bezeichnet wird.

Andersherum kannst du drei oder vier Lebensmittel auswählen, die dein Kind bereits kennt und eventuell schon namentlich nennen kann. Gib ihm ein Häppchen und frage es danach, ob es weiß, welches Lebensmittel es ist. Insbesondere diese Übung schärft seine Sinne. Zu Beginn kann es die Lebensmittel vielleicht noch nicht unterscheiden, allerdings wird es dazulernen und sich mehr und mehr erinnern.

TIPP!

AUF SPIELERISCHE WEISE KANN DEIN NACHWUCHS SCHRITT FÜR SCHRITT NEUE DINGE KENNENLERNEN. ZEITGLEICH LERNST DU MEHR ÜBER DEIN KIND: WELCHE LEBENSMITTEL MAG ES, WELCHE NICHT? WIE REAGIERT ES AUF VERSCHIEDENE GERÜCHE? DIESES NEUE WISSEN KANN DIR IM ALLTAG, BEISPIELSWEISE BEIM KOCHEN, HELFEN.

„Wo ist der Wauwau?“, „Mach Winke Winke!“ oder „Willst du Happi haben?“ – Babysprache bezeichnet eine vereinfachte Art der Sprache, die Erwachsene oft anwenden, wenn sie mit kleinen Kindern sprechen.

Gemeinsam mit der gewählten Tonlage und dem verlangsamten Sprachtempo erscheint diese Sprache sehr interessant für Babys und Kleinkinder. Sie schenken der Babysprache nachweislich mehr Aufmerksamkeit als der korrekten Erwachsenensprache. Gerade, weil ihr Interesse geweckt wird, lernen sie entsprechend schneller. Daraus kann man schließen, dass die Babysprache ihnen den Einstieg in die Sprache tatsächlich erleichtert.

Verwende häufig vereinfachte Wörter, aber achte darauf, ebenfalls Erwachsenensprache anzuwenden. Das hilft deinem Baby dabei, die Vokabeln der Babysprache mit richtigen Wörtern zu verknüpfen. Mit der Zeit wird es die Babysprache durch korrekte Wörter austauschen.

INFOBOX:

WÖRTER WIE ‚WAUWAU‘ (HUND) ODER ‚HEIA‘ (BETT) BESTEHEN VERMEHRT AUS VOKALEN, WAS ES KINDERN LEICHTER MACHT, SIE AUSZUSPRECHEN. WÖRTER DIESER ART ANIMIEREN KINDER DAZU, SICH UNS MITZUTEILEN. SIE HABEN FRÜHE ERFOLGSERLEBNISSE, DIE SIE DAZU MOTIVIEREN, IHREN WORTSCHATZ ZU ERWEITERN.

Sandkasten
Ein Ort, an dem Babys und Kleinkinder gern Zeit verbringen, ist der Sandkasten. Er stimuliert die Sinne und ist optimal geeignet für eine große Vielfalt an Spielen und Aktivitäten. Obendrein fördert ein Sandkasten das kreative Spielen. Weitere Vorteile sind das Training der Hand-Augen-Koordination und, je nach Beschäftigung, die Verbesserung der Grob- sowie der Feinmotorik.

Unabhängig davon, ob sich der Sandkasten im Garten oder auf einem Spielplatz befindet, kannst du dort regelmäßig mit deinem Baby spielen. Natürlich könnt ihr verschiedenes Sandspielzeug mitnehmen, um damit Burgen zu bauen oder Kuchen zu backen. Spezielles Spielzeug ist jedoch nicht zwingend notwendig. Graben und den Sand formen kann man ebenso gut mit den Händen.

SPASSIGE AKTIVITÄTEN IM SANDKASTEN SIND ZUM BEISPIEL DIE NACHFOLGEND GENANNTEN:

- verschiedenförmige Objekte vergraben, eines davon auswählen und versuchen, es wiederzufinden
- Füße, Beine oder andere Körperteile vergraben
- Sandburgen bauen
- mit Förmchen und Wasser kochen und backen
- Gruben mit den Händen, der Schaufel oder dem Spielzeugbagger ausheben
- Tunnel bauen
- im Sand malen

TIPP!

THEORETISCH REICHT DEINEM BABY EIN OFFENER SANDBERG, UM DAMIT FREUDE ZU HABEN. DA SICH ALLERDINGS KATZEN IN DER UMGEBUNG BEFINDEN KÖNNEN, WIRD EIN KASTEN MIT DECKEL EMPFOHLEN. SO WIRD VERHINDERT, DASS KATZEN ODER ANDERE TIERE IHR GESCHÄFT IM SAND VERRICHTEN.

ERWÄHNENSWERTES:

FOTOECKE – PAPA UND ICH

> **KINDER SIND GÄSTE, DIE NACH DEM WEGFRAGEN.**
>
> MARIA MONTESSORI

Zeigt eure schönsten Gebilde aus Sand mittels Fotos. Auch tierische Erinnerungen oder ein Foto vom gemütlichen Lagerfeuerabend wollen nicht vergessen werden.

Trampolin

Das Springen auf einem Trampolin ist für viele Kinder der Hit! Selbst die Kleinsten krabbeln gern auf einem Trampolin herum oder üben darauf ihre ersten Schritte. Das ist überdies in vielerlei Hinsicht gut für die Entwicklung, denn die Bewegung auf einem Trampolin erfordert einiges an Konzentration und Koordination.

Trampoline gibt es in verschiedenen Größen. Für den Anfang eignet sich ein Kindertrampolin für den Garten, welches einen Durchmesser von mindestens 2 Metern hat. Kleinere Trampoline verlieren schnell ihren Reiz, weil sie weniger gut federn und mit dem Wachstum der Kinder rasch zu klein werden. Ältere Kinder brauchen mehr Platz, weswegen Trampoline ab 3,5 Metern Durchmesser für sie ideal sind. Also warum nicht gleich eines dieser Größe besorgen?

Die federnden Bewegungen haben mehrere positive Auswirkungen auf Papa, Mama und das Kind: Du als Papa kannst auf dem Trampolin ausgelassen mit deinem Kind toben. Oder du nimmst es auf den Arm und stellst dich auf die Sprungfläche. Drücke dich sanft hoch und runter. Diese Bewegung tröstet und beruhigt dein Baby. Zusätzlich kann es beim Einschlafen hilfreich sein. Die Mutter kann nicht zu kurzfristig nach der Geburt durch das leichte Wippen ihren Beckenboden trainieren.

Kann dein Kind bereits laufen, stelle dich entweder mit ihm auf das Sprungtuch oder neben das Trampolin, während sich dein Baby darauf befindet. Halte es an seinen Händen fest und lass es mit deiner Unterstützung hüpfen. Auch Purzelbäume schlagen, kuscheln oder Bücher lesen klappt super auf einem Trampolin.

Lass dein Baby nicht ohne Aufsicht auf einem Trampolin spielen, weder beim Krabbeln noch beim Laufen oder Hüpfen. Insbesondere bei Kindern, die noch wenig Erfahrung mit dem Trampolin haben, kann es zu Verletzungen durch Stürze kommen.

INFOBOX:

DAS LAUFEN UND SPRINGEN AUF DEM TRAMPOLIN KANN DIVERSE VORTEILE FÜR DIE MOTORISCHE UND GEISTIGE ENTWICKLUNG VON KINDERN HABEN. DIE WICHTIGSTEN SIND DIESE:

- VERBESSERUNG DES GLEICHGEWICHTSSINNS
- STÄRKUNG VERSCHIEDENER MUSKELN (BEINE, FÜSSE, RÜCKEN UND BAUCH)
- ERLERNEN VON KOMPROMISSBEREITSCHAFT BEIM HÜPFEN MIT MEHREREN KINDERN
- ERWEITERUNG DES KÖRPERBEWUSSTSEINS
- FÖRDERUNG DES SELBSTVERTRAUENS
- TRAINING DER GROBMOTORIK

Was für ein Theater!

Ein Theaterklassiker ist natürlich das Kaspertheater, in welchem Handpuppen die Hauptrolle spielen. Es ist sozusagen die bessere Variante zum Fernseher. Handpuppen sowie die Theaterkonstruktion kannst du selbst bauen: Die Bühne kann aus Holz oder Karton in Kombination mit Stoff gefertigt werden, und die Figuren können Stofftiere, Püppchen oder eigens genähte Handpuppen sein. Theater lässt sich ebenso gut ohne Handpuppen spielen: Verkleide dich beispielsweise als Pirat, Prinzessin oder Hase für dein Baby und spiele ihm ein Theaterstück mit dir als Hauptrolle und verschiedenen Spielzeugen vor.

Eine Geschichte zum Nachspielen darfst du dir selbst ausdenken, oder du fragst dein Kind, welche Wesen und Handlungen im Theaterstück vorkommen sollen.

TIPP!

DU KANNST AUCH TATSÄCHLICH ERLEBTE SITUATIONEN NACHSPIELEN. DAFÜR EIGNEN SICH BEISPIELSWEISE VERSCHIEDENE ÄNGSTE ODER UNERWÜNSCHTES VERHALTEN DEINES BABYS. DAS SCHAUSPIEL WECKT DIE AUFMERKSAMKEIT DEINES KINDES, SODASS ES SICH DARAUF KONZENTRIERT UND AUS DIESEM GRUND OFFENER FÜR SÄMTLICHE ANREGUNGEN IST. MITHILFE DER FIGUREN KANNST DU IHM ZUM BEISPIEL ZEIGEN UND ERKLÄREN, WARUM MAN NIEMANDEN HAUEN SOLLTE. DU KANNST DES WEITEREN GEFÜHLE BESCHREIBEN ODER TRAUMATISCHE ERLEBNISSE NACHSPIELEN UND WÄHRENDDESSEN IN EINFACHEN WORTEN ERKLÄREN, WAS WARUM.

ERWÄHNENSWERTES:

Luftballonspaß

Nicht nur für Geburtstagsfeiern sind Luftballons eine super Idee. Sie sind außerdem ein tolles Spielzeug für Kinder unterschiedlicher Altersklassen, und zwar zu jeder Zeit! Idealerweise bläst du die Ballons für jüngere Kinder nicht so stark auf. Je kleiner der Ballon ist, desto dicker bleibt die Gummihaut und desto länger hält der Ballon. Prall gefüllte Ballons können leichter platzen und dein Baby erschrecken.

Mit dem leicht aufgeblasenen Luftballon können du und dein Nachwuchs zahlreiche Spiele spielen. Der Ballon kann einen Ball darstellen, den ihr hin und her schießt oder werft. Auch das Rollen des Ballons von Papa zu Baby und zurück ist denkbar.

Hier findest du weitere Spielideen und deren förderliche Auswirkungen auf die kindliche Entwicklung:

- ☆ Ballon auf einem Kochlöffel balancieren ➔ Motorik und Gleichgewichtssinn
- ☆ viele leicht aufgeblasene Luftballons in einen Kissenbezug oder eine Tüte füllen und darüber krabbeln oder sich darauf setzen ➔ Sinneswahrnehmung
- ☆ Ballon an einem Seil hinterherziehen und durch die Luft wirbeln ➔ Grobmotorik
- ☆ Ballon mit der Hand quetschen ➔ Sinneswahrnehmung
- ☆ Luftballon in Socken stecken und das Baby ihn wieder hervorholen lassen ➔ Feinmotorik
- ☆ mit Wasser gefüllten Ballon auf einer leeren Papierrolle balancieren ➔ Grobmotorik und Koordination
- ☆ leicht aufgeblasenen Ballon mit einem Stock hin und her schießen ➔ Grobmotorik und Hand-Augen-Koordination

TIPP!

BEREITE DEIN KIND DARAUF VOR, DASS EIN LUFTBALLON PLATZEN KANN. URSACHEN KÖNNEN SPITZE GEGENSTÄNDE ODER DAS BERÜHREN VON BÄUMEN, STRÄUCHERN ODER GRAS SEIN. AUCH DAS HINEINBEISSEN KANN IHN ZUM PLATZEN BRINGEN. WENN EIN BALLON GEPLATZT IST, DARF DEIN BABY DIE BALLONRESTE IN DEN MÜLL WERFEN.

ERWÄHNENSWERTES:

Basteln

Das Basteln klappt nicht nur mit großen Kindern. Bereits die jüngeren finden Spaß daran. Da Babys und Kleinkinder häufig wenig Geduld und noch keine allzu gute Kontrolle über ihre Finger haben, sollten die jeweiligen Bastelideen allerdings schnell und unkompliziert umgesetzt werden können.

Einfache Bastelprojekte können das Zerreißen und Zerknüllen von Papier oder das Spielen mit Knete einschließen. Einige Ideen sind an dieser Stelle aufgelistet:

1. Habt ihr Krepppapier zu Hause, darf dein Baby dieses abreißen und zu Kugeln formen. Im Anschluss klebt ihr die Kugeln gemeinsam auf ein Blatt Papier.
2. Lass dein Baby verschieden große Papierschnipsel einrollen, die ihr zu unterschiedlichen Formen zusammenstellt und auf ein Blatt Papier klebt.
3. Lege Knete in mehreren Farben bereit. Formt gemeinsam Bälle oder Schnüre daraus. Diese kann dein Baby nun auf Papier oder eine andere Unterlage drücken. Daraus können schöne Bilder entstehen.
4. Auch mit Naturmaterialien lässt sich wunderbar basteln. Bohre zum Beispiel Löcher durch Kastanien und Eicheln. Dein Nachwuchs kann diese dann auf eine Schnur auffädeln.
5. Sucht bei einem Spaziergang Blätter, die euch gefallen, und klebt sie auf Papier.

Die Vorteile des Bastelns mit deinem Kind können vielfältig sein: vom Fördern der Kreativität über die Stärkung des Selbstbewusstseins bis hin zum Training der Feinmotorik. Am wertvollsten ist jedoch das Schaffen schöner Kindheitserinnerungen, welche die Beziehung zwischen dir und deinem Kind langfristig verbessern.

TIPP!

LASS DEIN KLEINES KIND NICHT EIGENSTÄNDIG MIT DEM KLEBER HERUMHANTIEREN, SONDERN BRINGT DIESEN ZUSAMMEN AUF DER OBERFLÄCHE AUF. DURCH DEINE FÜHRUNG LERNT ES, MIT DEM KLEBER UMZUGEHEN UND IHN RICHTIG ZU DOSIEREN. NENNE IHM ZUDEM REGELN IM UMGANG MIT KLEBSTOFF WIE „NICHT IN DEN MUND NEHMEN" ODER „NICHT AN MÖBEL ODER KLEIDUNGSSTÜCKE SCHMIEREN".

Spielplatz

Vielseitige Beschäftigungsmöglichkeiten für Groß und Klein bietet ein öffentlicher Spielplatz. Hier befinden sich meist Schaukeln, Rutschen, Wippen und verschiedenartige Klettergerüste. Auch ein Sandkasten gehört zu den klassischen Bestandteilen eines Spielplatzes dazu.

Doch ein Besuch auf dem Spielplatz ist nicht nur ideal zum Toben und Spielen. Er ist ebenfalls ein praktischer Ort, um andere Eltern und Kinder kennenzulernen. Somit fördert ein Ausflug zum Spielplatz nicht nur die Motorik und das kreative Spielen deines Babys, sondern auch seine sozialen Kompetenzen. Hier lernt es unter anderem, auf andere Kinder Rücksicht zu nehmen und mit ihnen in Kontakt zu treten.

Normalerweise hat jeder Stadtteil mindestens einen Spielplatz, sodass es innerhalb einer Stadt oder eines Dorfes mehrere Spielplätze gibt. Du kannst mit deinem Baby auf Erkundungstour gehen und die verschiedenen Plätze ausprobieren. Welcher Spielplatz ist am besten für das aktuelle Alter deines Kindes geeignet? Wo gibt es die meisten oder die freundlichsten Kinder?

Es ist sowohl für das Kind als auch für die Eltern wohltuend, regelmäßig aus dem Alltag auszubrechen. Ein Spielplatz ist eine willkommene Abwechslung. Du könntest dir vornehmen, mit deinem Baby mindestens einmal pro Woche auf einen Spielplatz zu gehen. Mit der Zeit wirst du herausfinden, welcher Spielplatz sich an welchem Wochentag zu welcher Uhrzeit am meisten lohnt.

Wenn dein Kind noch sehr jung ist und noch nicht (sicher) selbst laufen kann, musst du viel bei ihm bleiben. Das trägt dazu bei, dass es immer wieder lernt, dass du als Papa da bist. Du passt auf. Es kann sich sicher und mit jedem Besuch wohler und selbstsicherer fühlen. Je älter dein Baby wird, desto unabhängiger wird es werden, gerade, weil es sich in deiner Gegenwart sicher weiß. Daher sind Spielplätze eine wunderbare Gelegenheit, um die Unabhängigkeit und Eigenständigkeit deines Kindes zu fördern.

TIPP!

WIE BEI ANDEREN AUSFLÜGEN SOLLTEST DU SNACKS UND GETRÄNKE DABEI HABEN. INSBESONDERE FÜR EINEN SPIELPLATZBESUCH IST WECHSELKLEIDUNG EMPFEHLENSWERT. JE NACH DAUER DES AUFENTHALTS KANN EINE DECKE WIE BEISPIELSWEISE EINE PICKNICKDECKE VON VORTEIL SEIN.

ERWÄHNENSWERTES:

Ausflug ans Wasser

Fahre mit deinem Baby an den nächsten See oder Kiesteich. Ein Besuch in der Badeanstalt oder einem Hallenbad wird deinem Kind ebenso gefallen. Allerdings macht das Spielen in der Natur und mit Wasser in Verbindung mit Erde, Sand oder Kieseln um einiges mehr Spaß.

Bei warmem Wetter tut das kühle Nass gut. Du kannst mit deinem Schatz durch das Wasser gehen oder ihn, gestützt durch deine Arme, durch das Wasser ziehen. Auch Schwimmflügel oder ein Schwimmring für Babys bieten sich als Begleiter an. In den Pausen könnt ihr zusammen Matschburgen bauen und sie mit Steinen, Stöcken und unterschiedlichen Pflanzen wie Gräsern verzieren.

Selbst im Frühling und Herbst ist ein solcher Ausflug möglich. Mit Gummistiefeln und Matschhose kann dein Nachwuchs durch das seichte Wasser waten oder springen. Vielleicht findet ihr Frösche, Kaulquappen und andere interessante Tiere, die ihr beobachten könnt. Ein Ausflug in die Natur hält viele Lernmöglichkeiten bereit, aber natürlich bereitet ein Besuch des Schwimmbads ebenfalls Freude. Wasserfontänen, Wasserrutschen oder auch ein (Wasser-)Spielplatz in der Badeanstalt bieten euch zahlreiche spaßige Aktivitäten.

TIPP!

ZWISCHEN DEN AUFENTHALTEN IM WASSER SOLLTEST DU DEINEM KIND STETS TROCKENE KLEIDUNG ANZIEHEN, UM ZU VERMEIDEN, DASS ES FRIERT UND SICH DADURCH EVENTUELL EINE ERKÄLTUNG HOLT. EIN ZUSÄTZLICHES HANDTUCH ALS DECKE NEHMEN KINDER GERN AN. UND NATÜRLICH DEN SONNENSCHUTZ NICHT VERGESSEN!

ERWÄHNENSWERTES:

FOTOECKE – PAPA UND ICH

> WENN WIR GANZ UND GAR AUFGEHÖRT HABEN KINDER ZU SEIN, DANN SIND WIR SCHON TOT.
>
> MICHAEL ENDE

Hier hast du Platz für die lustigsten und schönsten Fotos eurer Ausflüge. Vielleicht habt ihr coole Posen auf dem Trampolin gemacht oder etwas Spannendes entdeckt, das du nicht vergessen möchtest?

KAPITEL 4

ICH KANN JETZT …

Nach einigen Jahren kann es schwierig sein, sich daran zu erinnern, wann dein Kind etwas gelernt oder welche niedlichen Wörter es erfunden hat. Die nächsten Seiten bieten dir Platz, um jeden Monat einzutragen, was dein Kind Neues gelernt hat. Ob es das erste Lächeln oder die allerersten Schritte sind – jede neue Fähigkeit darfst du hier erwähnen. Neben diesen Informationen kannst du zudem festhalten, wo es zu diesen besonderen Momenten gekommen ist. Beim späteren Durchblättern und Anschauen des Buches könnt ihr als Eltern in Erinnerungen schwelgen und eurem Kind von seinen Entwicklungsschritten erzählen.

1. MONAT:

2. MONAT:

3. MONAT:

4. MONAT:

5. MONAT:

6. MONAT:

7. MONAT:

8. MONAT:

9. MONAT:

10. MONAT:

11. MONAT:

12. MONAT:

Ehe man eigene Kinder hat, hat man nicht die leiseste Vorstellung davon, welches Ausmaß die eigene Stärke, Liebe oder Erschöpfung annehmen kann. – Peter Gallagher

PLATZ FÜR WEITERE NOTIZEN:

KAPITEL 5

FOTOSHOOTING

Dieser Teil des Buches gibt dir Anregungen für Fotos, die du anschließend an der entsprechenden Stelle einkleben kannst.

DAS ERSTE FOTO NACH DER GEBURT DEINES KINDES.

PAPA HÄLT SEIN BABY ZUM ERSTEN MAL IM ARM.

HIER BADEST DU DEIN BABY ZUM ERSTEN MAL.

FAMILY TIME: DAS SIND PAPA, MAMA UND BABY MIT DEN OMAS UND OPAS.

DU UND DEIN KIND, IHR SEID SUPERHELDEN. ZEIGT, WAS IN EUCH STECKT!

DER ERSTE ABEND OHNE MAMA. WIR SCHAFFEN DAS!

GEFÜHLSSTARKE FOTOS: OB TRAURIG, ENTTÄUSCHT, GLÜCKLICH, STOLZ ODER MÜDE – HIER ZEIGT IHR EURE GEFÜHLE.

ein Imprint der Zenit Verlagskreis LLC,
30 N Gould St Ste N, 82801 Sheridan, Wyoming, USA

Layout & Satz:
Lidé Design
www.lide-design.de

1. Auflage 2023

978-3-911040-24-2

Rechtlicher Haftungsausschluss: Dieses Buch enthält Meinungen und Ideen des Autors und hat die Absicht, Menschen hilfreiches und informatives Wissen zu vermitteln. Die enthaltenen Anleitungen passen möglicherweise nicht für jeden Anwendungsfall, daher besteht keine Garantie, dass diese problemlos funktionieren. Die Benutzung dieses Buches und die Umsetzung der darin enthaltenen Informationen erfolgen ausdrücklich auf eigenes Risiko. Haftungsansprüche gegenüber dem Verleger und Autor für Schäden materieller oder ideeller Art, die durch die Nutzung fehlerhafter und / oder unvollständiger Informationen verursacht wurden, sind ausdrücklich ausgeschlossen. Das Werk – inklusiver aller Inhalte – gewährt keine Garantie oder Gewähr für Aktualität, Korrektheit, Vollständigkeit und Qualität der bereitgestellten Informationen. Druckfehler und Fehlinformationen können nicht vollständig ausgeschlossen werden. Bei gesundheitlichen Fragen, Beschwerden oder Problemen konsultieren Sie immer Ihren Arzt!

Bildnachweise:
Bildmaterial von Freepik.com